팀장의
AI

팀장의 AI

초판 1쇄 인쇄 2024년 8월 9일
초판 1쇄 발행 2024년 8월 16일

지은이   김철수
펴낸이   이종두
펴낸곳   (주)새로운 제안

책임편집   엄진영
본문디자인   프롬디자인
표지디자인   프롬디자인
영업   문성빈, 김남권, 조용훈
경영지원   이정민, 김효선

주소   경기도 부천시 조마루로385번길 122 삼보테크노타워 2002호
홈페이지   www.jean.co.kr
쇼핑몰   www.baek2.kr(백두도서쇼핑몰)
SNS   인스타그램(@newjeanbook), 페이스북(@srwjean)
이메일   newjeanbook@naver.com
전화   032) 719-8041
팩스   032) 719-8042
등록   2005년 12월 22일 제386-3010000251002005000320호
ISBN   978-89-5533-657-3 (13320)

팀장의

· 김철수 지음 ·

AI

ARTIFICIAL INTELLIGENCE

생성형 인공지능 시대에
중간관리자가 알아야 할 AI, 써야 할 AI, 봐야 할 AI

새로운제안

기업이나 기관의 임직원에게 ChatGPT와 AI, 디지털과 데이터를 많이 오래 강의하다 보니 참 희한한 패턴 하나를 발견했습니다. 특정 부류의 사람들은 강의실에서 배우고 실습할 때는 참 열심히 따라하는데 업무에 복귀만 하면 배운 걸 하나도 안 씁니다. 바로 팀장입니다.

그래서 팀장님들에게 물어봤습니다.

"왜 강의 끝나고 돌아가면 배운 걸 안 쓰시나요?"

팀장님들이 대답합니다.

"팀원이 잘 쓰면 될 것 같습니다."

"제게 필요한 건 아닌 것 같습니다."

그렇습니다. AI가 일하는 데 쓰는 도구라는 관점에서 보면 엑셀 같은 겁니다. 엑셀은 팀원이 잘 쓰면 됩니다. 팀원이 엑셀을 쓰듯 AI를 쓰면 효율이 높아집니다. 하지만 팀장이 AI를 쓴다고 효율이 높아지지 않습니다. 애초 팀장은 효율을 높이는 일을 하지 않습니다.

효율은 투입을 산출로 나눈 것입니다. 적게 투입하고 많이 산출하면 효율이 높습니다. 팀원이 AI를 써서 제안서나 카드뉴스나 설문 앱을 만들면 확실히 투입 시간이 줄어듭니다. 하지만 팀장은 늘 투입을 더 하려는 입장입니다. 상사에게 돈, 사람, 시간을 더 달라고 하는 게 팀장의 일입니다. 투입을 더 해서 산출을 더 올릴 기회를 찾는 게 팀장의 일입니다. 업무 효율을 높이는 AI는 팀장에게 딱히 매력적이지 않은 이유입니다.

팀장은 AI를 효율이 아니라 효과를 보고 사용해야 합니다. 효과는 진척을 목표로 나눈 것입니다. 팀장은 목표를 잡고 진척을 관리하는 일을 합니다. 그동안 회의를 할 때 회의 내용을 제대로 정리 못해서 분석을 못했는데, AI를 이용해서 회의록을 만들고 요약하고 분석함으로써 진척 상황을 더 잘 관리할 수 있습니다. 업무를 지시하면서 세부적인 일을 잘 몰라 대강 묶어 지시했는데 AI를 이용해서 WBS 같은 방법으로 업무를 분할해서 지시할 수 있습니다. AI를 활용해서 목표를 잡고 진척을 관리하고 문제와 이슈를 찾을 수 있습니다. AI를 이용해서 개선점이나 혁신 포인트를 찾을 수도 있습니다. 이렇게 팀이 일을 효과적으로 하게 만드는 게 팀장의 일입니다.

팀원이 일상적인 업무를 주로 한다면 팀장은 예외적인 업무를 주로 합니다. 팀원의 일상적인 업무는 매일, 매주, 매월 반복하는 일이 많습니다. 반복은 자동화 대상입니다. 반복 업무는 엑셀 매크로나 VBA, 파이썬 코드를 짜서 자동화합니다. RPA^{Robotic Process Automation}나 오토핫키 같은 프로그램을 이용해도 자동화할 수 있습니다. 이런 자동화에 필요한 코드를 AI가 아주 빠르게 대신 짭니다. RPA 같은 툴에도 연결되어서 판단이 필요한 경우 AI가 대신 빠르게 판단합니다.

하지만 팀장의 일은 그렇게 반복적이지 않습니다. 팀원이 반복적으로 보고하는 내용에서 오류를 찾거나, CEO나 본부장이 조찬 모임에서 뭔가 듣고 우리도 하자고 지시하거나, 고객사에서 예상치 못한 항의가 들어오는 등 예외적이고 응급에 해당하는 일이 많습니다. 그래서 한 분야에서 사람의 지능을 뛰어넘는 AI를 활용할 일이 그다지 많지 않습니다.

팀장과 팀원이 하는 일이 다르다는 점에서 각자에게 필요한 기술 또한 다를 수밖에 없습니다. 일반적으로 직급이 낮을수록 해당 직능 분야의 고유 기술이 있어야 합니다. 영업, 회계, 생산, 품질, 연구 등 각 기능 조직에서 해당 기능을 구현할 기능적 기술이 팀원에게 필요합니다.

팀장은 좀 다릅니다. 기능적 기술보다는 사람을 관리하는 대인적 기술이 더 필요합니다. 직접 영업하지도 않고, 회계 장부를 작성하지도 않고, 생산 설비를 운전하지도 않고, 품질을 검사하지도 않고, 연구도 하지 않습니다. 그런 일을 하는 팀원에게 동기를 부여하고 역량을 키워야 합니다. 매일 회의하면서 보고를 받고 내용을 빨리 파악하고 문제나 이슈를 찾고 해결해야 합니다. 나아가 최고경영자들과 소통하기 위해 개념적 기술도 필요합니다. 미래 비전을 설정하고 전략을 만들고 새로운 것을 기획하는 능력이 매우 중요합니다.

그렇다고 해서 팀원의 기능적 기술을 전혀 몰라서도 곤란합니다. 팀원이 AI를 사용해서 매출을 분석하고 보고한다면 팀장은 최소한 AI가 무엇이고 어떤 기능을 하는지 알아야 합니다. 팀원이 AI를 어떻게 사용하고 있고 앞으로 어떤 기능이 추가될지 정도는 알아야 합니다.

이건 팀원이 사용하는 엑셀과 비슷합니다. 팀원이 엑셀로 매출을 분석하는지, R이나 SPSS 같은 통계 툴로 분석하는지 팀장은 알아야 합니다. 팀원이 더 좋은 분석 툴을 사달라고 하면 그게 뭔지 몰라도 분석 툴에는 어떤 것이 있고, 팀원은 현재 어떤 것을 사용하는지 정도는 알아야 합니다. 조금 더 나아가 팀장도 엑셀로 데이터를 볼 줄 알아야 합니다. 팀원이 엑셀로 보고하는데 엑셀 파일을 열 줄도 모르고 어떻게 보는지도 모르면 안 됩니다. 팀원만큼 엑셀을 쓸 줄은 몰라도 엑셀의 기본은 알고 있어야 합니다.

팀장은 최고경영자들의 개념적 기술도 따라가야 합니다. 최고경영자들이 가진 기술은 개념적 기술입니다. AI를 어떻게 봐야 하고, 가까운 미래에 AI가 우리 회사에 기회가 되는지, 위협이 되는지, 우리는 어떻게 도입해야 하는지, 발전과 트렌드는 어떻게 되는지 파악하는 기술이 개념적 기술입니다.

최고경영자는 각종 협회나 단체의 조찬모임에 많이 참가합니다. 새벽부터 열리는 모임에 참 부지런하게 다닙니다. 이런 모임에 참가하는 목적이 네트워킹도 있지만 최신 트렌드나 정부 정책 등을 듣기 위함도 있습니다. 명사의 강의를 듣다 보면 어김없이 AI 같은 최신 글로벌 트렌드 얘기를 듣게 됩니다.

최고경영자가 회사로 와서 팀장을 부릅니다. 대뜸 물어봅니다.

"우리 회사에 ChatGPT 같은 생성형 AI를 도입하면 어떨까요?"

"네? 생… 성?"

최고경영자 입에서 나오는 단어는 이미 언론에 많이 언급된 단어입니다. 최고경영자가 완전히 새로운 기술이나 지금 연구를 시작한 분야에 대해 말할 일은 거의 없습니다. 보통은 언론이나 업계에서 관심을 가질 만한 수준이 된 것을 얘기하기 마련입니다. 이 정도 기술이나 용어는 팀장도 개념적으로 이해하고 있어야 합니다.

생성형 AI가 어떤 원리로 작동하는지 컴퓨터 전공 박사만큼 알 필요는 없습니다. 하지만 이런 신기술이 세상을 어떻게 바꾸고 소비자에게 어떤 영향을 주고 업계나 선진사, 경쟁사는 어떻게 보고 있고 대응을 준비하는지 알아야 합니다.

팀원에게 기능적 기술, 최고경영자에게 개념적 기술이 필요하다면 팀장에겐 대인적 기술이 필요합니다. 한마디로 사람 관리입니다. 팀의 목표를 달성하기 위해 팀원의 갈등과 팀의 변화를 관리해야 합니다. 팀원에게 동기를 부여하고 성장을 지원하고 팀워크를 구축해야 합니다. 팀원을 정기적으로 면담하고 권한과 책임을 살피고 각종 문제와 이슈를 해결하고 정리해야 합니다.

이런 일은 일 자체로는 팀원의 업무에 비해 많은 양이 아닙니다. 분야가 다양할 뿐이지 일 자체는 큰 부담이 없습니다. 정작 팀장을 괴롭게 하는 건 분석과 고민과 판단입니다.

팀원을 분석하는 일은 정말 어려워서 MBTI나 애니어그램, 버크만진단 같은 성격 검사를 하기도 합니다. 조직심리학 책을 사서 읽으며 팀원이 왜 그런 생각을 하고 왜 그런 행동을 하는지 원인을 찾기도 합니다. 팀원을 코칭해 보겠다고 코칭 기술을 몇 개월이나 배우기도 합니다.

하지만 늘 고민입니다. 팀원에게 어떤 말을 해야 할지, 이런 말을 해도 되는지, 말로 할지 글로 할지 늘 고민입니다. 고민苦悶은 마음이 괴롭고 애가 타는 것입니다. 고苦는 오래된 풀 또는 씀바귀처럼 입에 쓴 나물을 말합니다. 이런 풀이나 나물을 먹으면 괴롭습니다. 민悶은 문門과 마음心이 합한 것입니다. 정확히는 마음이 문에 머문 것입니다. 문간에 서서 들지도 나지도 못하는 모습입니다. 어찌해야 할지 몰라 마음을 졸이고 안타깝고 답답합니다.

이런 심정이 생기면 어떻게든 판단을 해야 합니다. 그런데 딱히 기준이 없습니다. 누가 기준이라고 알려줘도 마음에 안 듭니다. 연말 연초에 팀원 성과를 평가할 때 딱 그렇습니다. 회사에서 내려온 기준으로 평가하려니 도무지 말이 되지 않습니다. 그래도 어떻게든 판단을 내려야 합니다.

만약 AI가 팀장의 일을 도울 수 있으면 어떨까요? AI가 팀원을 대신 분석한다면 어떨까요? 팀원이나 팀장의 고민을 덜어줄 수 있게 AI가 대신 고민해 준다면요? 어려운 판단을 AI가 해버린다면요?

과거의 AI는 단순히 물건을 분류하거나 얼굴을 인식하는 정도였다면 요즘 나오는 AI는 사람처럼 분석하고 고민하고 판단합니다. 요즘 AI는 공장에서 프로그램대로 움직이는 로봇팔이 아닙니다. 스스로 배우고 학습해서 대안을 내기도 하고, 사람의 심리를 데이터로 꿰뚫기도 합니다. 성격 검사나 심리 검사도 이젠 AI가 대신하는 수준까지 왔고, 의사나 변호사 시험에서도 사람보다 AI가 더 높은 점수로 더 빨리 합격합니다.

이런 AI 시대에 팀장은 AI로 팀원의 생산성을 높이고, 팀장 본인의 업무를 혁신하고, AI 시대의 팀을 이끌어야 합니다. 하지만 한편으로는 AI 때문에 팀의 일하는 방식이 달라지고 비전이나 조직문화도 달라질 수 있습니다. 어느 날 AI가 팀원으로 들어오면 그동안 팀이 사람과 사람의 소통과 협업이란 상식 자체가 무너질 수도 있습니다. 이런 시대에 팀장은 도대체 무엇을 알아야 하고 무엇을 해야 할까요? 이런 걸 이 책에서 알려줍니다.

1부에서는 팀원의 업무 생산성 향상 측면에서 팀원이 AI를 어떻게 사용해야 하는지, 무엇을 써야 하는지, 앞으로 주시할 AI가 무엇인지 알아보면서 팀원의 AI 스킬을 높이는 방법을 설명합니다. 더불어 AI로 인해 달라지는 조직 구조와 문화를 얘기하면서 팀장의 적절한 대처와 대응을 알려줍니다.

2부에서는 팀원 관리와 문제 해결 등 팀장의 고유 업무에 AI를 어떻게 활용할 수 있는지 구체적인 예시를 들면서 설명합니다. 회의나 소통, 보고서 검토 같은 팀장의 업무가 AI로 얼마나 달라지는지 직접 보여줍니다.

3부에서는 CEO 관점에서 AI를 어떻게 볼 수 있는지 구체적인 프레임워크를 소개합니다. AI는 어차피 톱 다운 Top-down 방식으로 팀장에게 떨어질 겁니다. 위에서 어떤 생각과 시각으로 보는지 알면 부담이 덜합니다.

팀은 자전거를 타고 국토를 종단하는 사람 무리입니다. 앞사람이 너무 빨리 달리면 뒤에서 못 따라옵니다. 뒤쳐지는 사람을 그대로 두면 모두가 제때에 도착하지 못합니다. 팀장은 무리의 중간에 서서 맨 앞사람과 맨 뒷사람의 보폭을 조정하면서 간격을 조절하는 사람입니다.

지금은 AI라는 평탄한 길과 장벽이라는 기회와 위기의 길을 걸어야 할 때입니다. 너무 앞서려고도, 너무 뒤서려고도 할 필요 없습니다. 지금까지 해왔던 대로 AI라는 길을 보면서 보폭과 간격을 조절하면 됩니다. AI를 빨리 도입하려고 조급해 하지 말고, 우리와 관계 없다며 남일 보듯 하지 말고, 그저 남들 하는 만큼만 한다 생각하면 됩니다. 팀원을 보면서 적절한 수준으로 나아가면 됩니다. 이 책은 그 최소한의 수준을 제시합니다.

2024년 3월 17일
서로 팀장일 때 만나 지금도 팀장 같은 아내를 위해 쓰다

차례

3 부 | ## 김 팀장, CEO 관점에서 AI를 보다

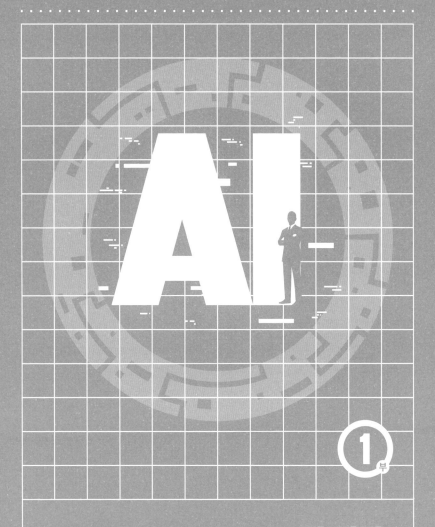

AI

①부

김 팀장,
AI로 팀원 생산성을 높이다

ARTIFICIAL INTELLIGENCE

AI로 일 못하는
팀원 다루기

2013년에 KBS에서 방영된 직장인 드라마 '직장의 신'을 기억하시나요? 원래 일본 드라마 '파견의 품격'을 리메이크한 겁니다. 김혜수가 만능 계약직 사원인 미스 김의 역을 맡았습니다. 이 드라마는 마케팅영업지원부와 마케팅영업부의 좌충우돌 직장생활을 다루고 있습니다.

드라마에는 독특한 이력과 성격의 팀원이 많이 나오지만 그 중에서 눈에 띄는 사람은 고정도(김기천 분) 과장입니다. 고 과장은 마케팅영업지원부에서 영업맨으로 불리는데 나이가 57세인 만년 과장입니다. 과거에는 유능한 영업 사원이었는데 1980년대부터 사무 자동화가 도입된 이후로는 컴퓨터를 제대로 사용하지 못해 늘 승진에서 탈락했습니다. 시대의 변화에 적응하지 못한 직장인의 전형을 보여주는 캐릭터입니다.

물론 중간에 고정도의 활약이 나옵니다. 회사가 갑자기 정전되면서 컴퓨터를 사용하지 못하게 되었습니다. 그때 중요한 고객인 옹자염 회장이 계약서를 손으로 쓰라고 했습니다. 미스 김이 정성껏 손으로 계약서를 썼는데 미스 김이 하필이면 글씨를 잘 못 썼습니다.

옹 회장 "자네 지금 이걸 글씨라고 쓴 거야? 이게 무슨 계약서냐! 어린애 장난도 아니고."

미스 김 "죄송합니다, 회장님. 손글씨 자격증은 아직 따지 못했습니다."

옹 회장이 마음에 들지 않는다며 계약을 파기하려고 하니 미스 김이 식당에서 술을 마시고 있던 고 과장을 데려왔습니다. 고 과장은 만년필과 자를 꺼내더니 아주 깔끔하게 계약서를 썼습니다.

옹 회장 "이거 어긋나는 곳 하나 없이 완벽하구만. 이게 무슨 체인가?"

고 과장 "송조체입니다."

옹 회장 "자네 이름은 어떻게 되시나?"

고 과장 "네, 고정도입니다."

드라마는 드라마일 뿐입니다. 현실에서 고 과장은 팀장에게 골 칫거리입니다. 흔히 말하는 저성과자입니다. 역량이 부족하거나 성과가 낮거나 소통이 안 되는 팀원입니다. 그 와중에 나이도 많아서 팀장보다 선배이기라도 하면 정말 팀장의 발목을 잡는 사슬이 되기도 합니다.

팀장은 이런 저성과자를 고성과자로 만들기 위해 역량을 키우려고 노력하지만 역량이란 것이 오늘 배웠다고 내일 생기는 게 아닙니다. 역량이라는 개념보다는 당장 쓸 수 있는 구체적인 스킬을 익히거나 사용할 수 있게 하는 게 훨씬 낫습니다. 컴퓨터를 사용하지 못하는 고 과장을 불러서 일주일짜리 컴퓨터 학원을 보내는 게 낫습니다. 그래서 기술적 성취감을 조금이라도 맛보게 하는 겁니다. 파워포인트에서 표를 그리거나 계약서를 쓰는 일이 얼마나 쉽고 빠르고 편한지 스스로 느끼게 하는 겁니다. 일단 이걸 느끼면 그 다음부터는 알아서 파워포인트 실력을 키울 겁니다.

이런 스킬 중에 AI가 최적입니다. 예를 들어 엑셀로 데이터 분석을 잘 못하는 영업사원에게 ChatGPT 유료 계정인 GPT4를 사용할 수 있게 해 줍니다. 그러면 영업사원은 엑셀 파일을 GPT4에 올려서 데이터 분석을 요청합니다. 할 일이라고는 파일을 올려서 분석해달라고 쓰는 것뿐입니다. 그러면 GPT4가 뭘 분석해야 하는지 어떻게 분석할 건지 다 알려줍니다. 어떤 산출물을 원하는지도 사람에게 물어봅니다. 영업사원은 통계와 프로그래밍 전문가에게 외주를 주듯 맡기기만 하면 됩니다. 한두 시간만 투자하면 이전에는 생각지도 못한 큰 산출물이 떨어집니다.

어떤 일을 했는데 효율이 아주 높아지면 거기서 일을 더 잘할 동기가 생깁니다. 예를 들어 한 고객에게 자동차를 팔려고 한 달이나 고생을 했습니다. 그런데 그 고객이 선택한 자동차는 팔아도 남는 게 별로 없는 차입니다. 이러면 동기 부여는커녕 일 할 맛이 안 납니다. 하지만 다른 한 고객은 한 시간 상담한 게 다인데 가장 비싼 차를 구매했고 주변 지인도 데려와서 추천했습니다. 이걸 횡재라고 하지만 횡재가 생기면 의욕도, 동기도, 열정도 더 생기는 법입니다.

AI를 배우고 사용하는 데에 들이는 노력은 엑셀을 배우는 것과 비교도 안 될 만큼 적습니다. 엑셀 파일을 열어서 합계나 평균을 내는 정도만 AI를 배워도, 엑셀에서 매크로, 파워 쿼리, 시각화 같은 것을 사용하는 만큼의 스킬이 올라갑니다. AI를 배우는 게 어렵지도 않습니다. 전세계 10억 명이 ChatGPT를 사용하는데 사용법을 모르는 사람은 없습니다. 물론 프롬프트 엔지니어링 등 AI를 좀더 잘 쓰려면 배워야 할 게 없지는 않지만 엑셀 책 500쪽에 비하면 한참 적습니다. 전자책 50쪽짜리만 읽고 실습해 보면 ChatGPT 전문가 소리 듣습니다.

'직장의 신'에서 고 과장은 컴퓨터를 익힐 충분한 능력과 시간과 열정이 있었습니다. 지금 70대, 80대, 90대 어르신들도 처음에는 스마트폰을 못 쓰다가 지금은 다들 스마트폰으로 게임하고 유튜브 보고 합니다. 못 하는 게 아니라 안 해도 된다고 억지와 고집을 부리는 겁니다. 과거 방식을 고수하고 변화를 받아들이기 싫은 겁니다. 귀찮은 겁니다.

그런데 이것 때문에 팀에서 문제가 생깁니다. 팀원의 스킬 차이가 벌어지는 겁니다. 팀 내에 일 잘하는 팀원이 있고 일 못하는 팀원이 있고 일 안 하는 팀원이 있는 것처럼, AI를 잘 쓰는 팀원이 있고 AI를 못 쓰는 팀원이 있고 AI를 안 쓰는 팀원이 있습니다. 디지털 시대에 이른바 디지털 격차가 있듯 AI 시대에 AI 격차가 있는 겁니다.

일단 일에 관한 격차부터 보겠습니다. 팀장이 오후에 본부장에게 신사업을 발표해야 합니다. 마침 포인터가 고장 났습니다. 팀원 3명에게 점심 먹으러 나간 김에 회사 앞 문구점에 가서 포인터를 사오라며 법인카드를 줍니다. 점심 시간이 거의 끝나갈 때쯤 일 못하는 김 사원이 들어옵니다.

"김 사원님. 포인터 사왔나요?"

"아뇨."

"네? 왜요?"

"없던데요."

"…"

그때 일 안 하는 박 사원에게 전화가 옵니다.

"팀장님…."

"네. 말씀하세요."

"문구점에 왔는데 포인터가 없습니다. 어떡하죠?"

"원래 없는 건가요? 품절인가요?"

"모르겠는데요. 물어보겠습니다. 잠시만요…. 품절이랍니다."

"근처에 포인터가 있을 만한 문구점이 있을까요?"

"모르겠는데요. 물어보겠습니다. 잠시만요… 두 블록 건너편에 같은 체인 문구점이 있답니다. 가 볼까요?"

"전화해서 물어보세요."

이번엔 일 잘 하는 최 사원에게 전화가 옵니다.

"팀장님, 문구점에 왔는데 포인터가 품절이랍니다. 두 블록 건너편에 같은 체인 문구점에 전화하니 있다는데 들러서 사 가지고 가려면 10분 정도 늦을 것 같습니다. 괜찮을까요?"

"네, 시간 여유 있으니 들러서 사오세요."

최 사원 말고는 참 답답한 팀원들입니다. 일 못하는 팀원, 일 안 하는 팀원을 다그치며 팀을 이끌어야 하는 팀장이 불쌍합니다. 팀원의 역량과 동기를 끌어올리기 위해 팀장은 도대체 무엇을 해야 할까요? AI가 없었다면 참 여러 아이디어가 나왔을 겁니다만, 이제 정답은 AI에게 물어보기입니다. 문구점에 갔더니 포인터가 없다면 그 자리에서 모든 사원은 ChatGPT 같은 생성형 AI에게 물어봐야 합니다.

팀장님이 오후 회의 때 사용할 포인터를 사달라고 했다. 점심 시간에 회사 앞 문구점에 가니 포인터가 없다. 당장 어떻게 해야 하나?

포인터가 급하게 필요한 상황에서 문구점에 없다면, 몇 가지 대안을 고려할 수 있습니다 :

1. **온라인 쇼핑** : 가장 빠른 배송 옵션을 선택하여 온라인에서 포인터를 주문할 수 있습니다. 단, 시간이 매우 촉박하므로, 즉시 배송이 가능한지 확인해야 합니다.

2. **대형 전자제품 매장 방문** : 가까운 대형 전자제품 매장이 있다면, 그곳에 가보는 것도 좋습니다. 보통 이런 매장에서는 포인터를 포함한 다양한 사무용품을 판매하므로, 필요한 상품을 구할 확률이 높습니다.

3. **대체 수단 사용** : 특별한 포인터가 없다면, 간단하게 레이저 포인터나 긴 막대기, 심지어는 손가락을 사용해서 중요한 내용을 가리킬 수 있습니다. 혹은 스마트폰이나 태블릿을 사용하여 발표 자료를 제어할 수 있는 앱을 활용하는 방법도 있습니다.

4. **주변 동료나 다른 부서 문의** : 회사 내 다른 팀이나 동료가 사용하고 있지 않은 포인터를 빌릴 수 있는지 문의해보세요. 때때로 예상치 못한 곳에서 필요한 물품을 찾을 수 있습니다.

5. **근처 대학교나 학원 문의** : 근처에 대학교나 학원이 있다면, 그곳의 사무실이나 도서관에 문의하여 급하게 포인터를 빌릴 수 있는지 확인해볼 수 있습니다.

상황에 따라 가장 실현 가능하고 효율적인 방법을 선택하시기 바랍니다. 가능하다면, 몇 가지 옵션을 동시에 시도하여, 가장 빠르게 문제를 해결할 수 있는 방법을 찾아보세요.

AI에게 상황을 있는 그대로 얘기하고 조언을 구하는 겁니다. AI는 이미 인터넷에 올라온 유사한 사례를 기반으로 현재 수준에서 최적의 대안을 줄 겁니다. '직장의 신'에서 미스 김은 정전으로 컴퓨터를 사용할 수 없게 되자 머릿속에서 AI에게 물어봤을지도 모릅니다.

👤 중요한 고객과 계약하기 위해 계약서를 만들어야 하는데 회사가 정전이 되면서 컴퓨터를 사용할 수가 없다. 당장 계약서는 만들어야 한다. 어떻게 하지?

🤖 정전 상황에서 긴급하게 계약서를 만들어야 한다면, 몇 가지 대안적인 방법을 고려해 볼 수 있습니다. 여기 몇 가지 제안을 드립니다:

1. **모바일 장치 사용** : 스마트폰이나 태블릿 같은 모바일 장치를 사용해 문서를 작성할 수 있습니다. 대부분의 모바일 장치에는 Microsoft Word, Google 문서도구 또는 Apple Pages와 같은 문서 편집 앱이 설치되어 있거나 설치할 수 있습니다.
2. **인터넷 카페 또는 공용 작업 공간 이용** : 가까운 인터넷 카페나 공용 작업 공간을 찾아 그곳의 컴퓨터와 인터넷을 임시로 사용할 수 있습니다.

3. **백업 전원 공급 장치 사용** : 회사에 UPS(무정전 전원 공급 장치)가 있다면, 몇 시간 동안은 컴퓨터와 기타 필수 장비를 계속 사용할 수 있습니다.

4. **오프라인 문서 작성** : 전기가 돌아올 때까지 기다릴 수 없다면, 필요한 내용을 종이에 직접 작성한 후, 상황이 나아지면 타이핑하여 정식 문서로 만들 수 있습니다.

5. **이웃 기업과 협력** : 근처에 정전이 되지 않은 다른 기업이 있다면, 긴급하게 장비를 빌려 사용할 수 있는지 협조를 요청해볼 수 있습니다.

이러한 대안들 중 하나를 선택하여 시행하시면, 중요한 계약서 작성 작업을 계속 진행할 수 있을 것입니다. 상황에 따라 가장 실현 가능하고 효율적인 방법을 선택하는 것이 중요합니다.

미스 김은 여러 방법 중 4번 오프라인 문서 작성을 선택했고 고 과장을 데려온 겁니다.

팀원 모두 일을 잘하면 좋습니다. 일을 잘한다는 건 대안을 잘 찾는 겁니다. AI가 있기 전에는 팀장이 대안을 잘 찾아주는 역할을 했습니다. 경험과 노하우와 연륜이 있었기 때문입니다. 하지만 언제까지 팀장이 뒤치다꺼리를 할 수는 없습니다. 팀장의 조언에도 한계가 있습니다. 이때 사용할 수 있는 것이 AI입니다. 일단 AI에게 문제 상황을 설명하고 어떻게 하면 되는지 알려달라고 하는 겁니다. AI와 협업하면서 문제를 해결해 나가도록 팀원에게 AI를 사용하게 하고 무엇이든 일단 AI와 논의하라고 하는 겁니다.

"팀장님…."

"네. 말씀하세요."

"문구점에 왔는데 포인터가 없습니다. 어떡하죠?"

"AI에게 대안을 물어보고 선택해서 해결해 주세요."

팀원의 AI,
팀의 AI

일 잘하는 팀원은 AI를 어떻게 쓰고 있고 앞으로는 어떻게 쓸까요? 간단한 가상 사례를 두 개 보겠습니다.

광고기획사 알파기획 사옥 3층 대회의실에서 광고1팀의 광고 컨셉 회의가 열렸습니다. 박 대리는 패션 고객사의 내년 CF 컨셉을 발표하고 있습니다. 스크린에는 도시의 밤거리를 배경으로 한 여성이 걷는 스케치가 보입니다. 박 대리는 스케치를 보며 설명합니다.

"스타일리시한 여성이 따뜻한 네온 불빛과 활기찬 도시 간판이 가득한 도쿄 거리를 걷는다. 그녀는 검은 가죽 재킷, 긴 빨간 드레스, 검은 부츠를 착용하고 검은색 핸드백을 들고 있다. 선글라스를 끼고 빨간 립스틱을 바르고 자신감 있고 캐주얼 하게 걷는다. 거리

● "도쿄 거리의 스타일리시한 여성" 텍스트로 만든 이미지

는 축축하고 반사되어 다채로운 빛의 거울 효과를 만들어낸다. 많은 사람들이 거리를 걷고 있다."

회의 참석자들은 스크린의 스케치를 보면서 박 대리의 말에 귀를 기울입니다. 그때 팀장이 질문합니다.

"박 대리, 다 좋은데, 제품별로 디테일은 어떻게 표현하죠? 다음 스케치에 있나요? 콘티는요?"

박 대리가 대답합니다.

"네, 디테일 말씀이시죠?"

박 대리는 혀로 입술을 적시며 앙 다물며 말했다."

"그냥 영상으로 보시죠."

스크린의 스케치는 갑자기 실제로 도쿄 거리를 찍은 동영상으로 재생됩니다. 1분동안 스타일리시한 여성이 도쿄의 밤 거리를 거닐고, 카메라가 회전하며 얼굴을 확대해서 보여줍니다. 다시 여성에게서 멀어지며 가죽 재킷을 보여줍니다. 젖은 콘크리트 바닥을 또박또박 걷는 모습을 차분하게 표현합니다.

팀장을 비롯해 회의 참석자들은 모두 깜짝 놀란 표정을 지었습니다.

박 대리가 보여준 스케치는 OpenAI의 DALL-E로 만든 것입니다. 영상은 OpenAI의 SORA로 만든 것입니다. 둘 다 실제 사람이 그림을 그리고 영상을 찍은 것이 아니라 AI가 만들어낸 작품입니다. 박 대리가 나레이터처럼 읊은 컨셉 묘사도 사실은 OpenAI의

● "도쿄 거리의 스타일리시한 여성" 텍스트로 만든 영상

ChatGPT를 사용해서 얻어낸 글입니다. 박 대리는 ChatGPT에게 단지 이렇게 말했을 뿐입니다.

"도쿄 거리의 스타일리시한 여성 컨셉"

이 간단한 컨셉을 ChatGPT는 4문장의 긴 묘사(=프롬프트)로 바꾸었고 DALL-E는 스케치로, SORA는 영상으로 바꾸었습니다. 박 대리는 이미 최신 AI를 활용해서 컨셉을 글로, 사진으로, 영상으로 표현할 수 있다는 것을 알고 업무에 활용했습니다. 팀장은 AI를 뉴스에서나 보고 신기한 정도로만 생각했습니다. 이렇게 불쑥 업무에 들어와 있을 거라고는 생각도 못했습니다.

다른 사례도 보겠습니다. 대기업 IT지원팀은 매주 신제품 세미나를 합니다. 이번에는 박 주임이 최신 스마트폰 동향을 발표하기로 했습니다. 그런데 사전에 배포한 발표 자료 PDF 파일이 고작 2장입니다. 게다가 표지와 목차뿐입니다. 이전에는 보통 30장 내외로 발표 자료를 인쇄해서 배포했습니다. 팀장은 갸우뚱했지만 일단 발표를 지켜보기로 했습니다.

박 주임은 스크린에 오늘 발표 주제를 파워포인트 슬라이드로 보여줬습니다. 최근에 출시한 삼성전자 갤럭시 S24 분석 자료입니다. 회사에서 여러 내부 서비스를 스마트폰으로 할 수 있게 지원하는데 최신 스마트폰이 나올 때마다 호환 문제나 새로운 앱 서비스

기회를 분석해야 합니다. 일단 오늘은 박 주임이 갤럭시 S24를 설명하기로 했습니다.

"자, 지금부터 갤럭시 S24에 대해 발표하겠습니다."

박 주임은 키보드의 엔터 키를 눌러 표지 슬라이드에서 다음 슬라이드로 넘겼습니다. 목차가 보였습니다.

"보시는 바와 같이 갤럭시 S24 스펙과 기존 모델 비교를 하고, 호환성 문제 그리고 새로운 기능에 따른 서비스 기회를 말씀드리겠습니다."

박 주임은 파워포인트 슬라이드를 갑자기 닫았습니다. 그리고는 브라우저를 열더니 MS의 코파일럿 Copilot 사이트에 접속합니다. 팀장은 당황스러웠습니다. 발표를 하라 했더니 발표자료는 표지와 목차가 전부이고 내용은 없는데, 뜬금없이 브라우저를 열어서 검색하는 것 같습니다. 팀장이 손을 내저으며 말했습니다.

"이봐요, 박 주임. 지금 뭐하는 거죠? 오늘 발표 준비를 하나도 안 한 건가요?"

박 주임은 이상하다는 표정을 지으며 대꾸했습니다.

"네? 아닙니다. 어제 그제 이틀 내내 준비했습니다."

팀장은 박 주임이 너무 자신감 있게 대답하자 어이가 없었습니다. 하지만 일단 하겠다고 하니 그러라 해야 했습니다.

"네. 그럼 뭐. 일단 봅시다."

박 주임은 코파일럿 화면에서 바로 다음과 같이 입력했습니다.

"갤럭시 S24와 S23 비교표를 만들어줘."

COPILOT 전자 필기장

나

갤럭시 S24와 S23 비교표를 만들어줘.

Copilot

갤럭시 S24와 S23의 주요 차이점을 비교한 표는 다음과 같습니다:

표

항목	갤럭시 S24	갤럭시 S23
크기, 무게	147 x 70.6 x 7.6mm, 168g	146.3 x 70.9 x 7.6mm, 168g
화면	6.17인치 OLED, 1~120Hz, 최대 밝기 2600니트	6.1인치 OLED, 48~120Hz, 최대 밝기 1750니트
프로세서	엑시노스 2400, 스냅드래곤 8 세대 2	-
RAM, 스토리지	8/128GB, 8/256GB LPDDR 5X	8/128GB, 8/256GB LPDDR 5X
카메라	50MP 메인, f/1.8, 12MP 초광각, f/2.2, 10MP 3X 줌, f/2.4, 12MP 전면	50MP 메인, 12MP 울트라, 10MP 3X 줌, 12MP 전면
배터리	4000mAh	3900mAh
충전	USB-C 25W 유선, 15W 무선	USB-C 25W 유선, 10W 무선

갤럭시 S24는 혁신적인 AI 기능과 강화된 하드웨어를 자랑하며, 특히 삼성 One UI 6.1과 결합된 강력한 AI 기능으로 사용자 경험을 혁신적으로 향상시키고 있습니다[1]. 이에 반해, S23는 비용 효율성과 검증된 성능으로 여전히 강력한 경쟁자로 남아있습니다[1]. 이 두 모델의 주요 차이점을 심층적으로 탐구하면, 사용자는 자신의 요구와 예산에 맞는 최적의 선택을 할 수 있습니다[1].

자세한 정보 1 onna.kr 2 tech-indepth.com 3 kongnamu.tistory.com +1 더 보기

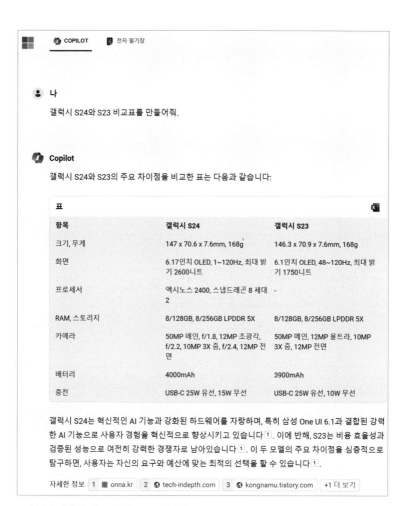

● 실시간 검색 후 비교표를 만드는 코파일럿

그러자 코파일럿이 두 모델을 비교한 표를 작성했습니다.

박 주임은 코파일럿이 작성한 두 모델의 차이 표를 보면서 설명하기 시작했습니다. 팀장은 눈을 동그랗게 뜨고 신기하게 쳐다봤습니다. 박 주임은 아랑곳하지 않고 설명을 이어가더니 표 오른쪽 위

에 있는 엑셀 아이콘을 눌러 엑셀에서 표를 열었습니다.

"이 내용은 원드라이브에 엑셀 파일로 저장되어 있으니 필요하신 분은 참고하시기 바랍니다."

그때 다른 팀원이 물었습니다.

"박 주임님, 혹시 S24 모델별로도 비교할 수 있나요?"

"네."

박 주임은 당연하다는 듯이 대답하자마자 코파일럿 화면에 다음과 같이 입력했습니다.

"갤럭시 s24 모델별 비교표를 만들어줘."

코파일럿은 바로 비교표를 만들어냈습니다.

또 다른 팀원이 물었습니다.

"혹시 S24 판매량은 어떤가요? 바로 알 수 있나요?"

"아직 판매량은 발표된 것이 없습니다. 아마 코파일럿도 못 찾을 겁니다. 일단 보죠."

박 주임은 코파일럿에게 S24 판매량을 물었습니다. 코파일럿은 다음과 같이 대답했습니다.

"죄송합니다. 현재 갤럭시 S24의 정확한 판매량에 대한 정보를 찾을 수 없습니다. 최신 정보를 얻으려면 삼성전자의 공식 발표나 신뢰할 수 있는 뉴스 소스를 참조하시는 것이 좋습니다. 다른 질문이 있으시면 언제든지 알려주세요. 감사합니다."

팀원이 다시 물었습니다.

"그럼 S23은요?"

"그건 데이터가 있을 겁니다."

박 주임은 바로 코파일럿에게 S23 판매량을 물었습니다. 코파일 럿은 바로 대답했습니다. 박 주임은 출처를 클릭해 가면서 수치를 체크했습니다.

팀장은 놀라지 않을 수 없습니다. 이제 인터넷으로 자료를 사전 에 조사해서 정리하는 일은 모두 AI가 할 것 같습니다. 사람이 미리 조사해서 정리할 이유가 없어졌습니다. 회의 중에 필요하면 바로 AI에게 물어보고 사실을 체크할 수 있습니다. 코파일럿은 실시간으 로 검색엔진인 Bing에서 검색해서 대답하기 때문입니다.

위 두 사례에서 보듯 팀원은 각자의 업무에서 AI를 자유자재로 사용합니다. AI와 함께 일하는 'Working with AI' 시대가 온 겁니다. 그런데 이런 기술은 집이든 직장이든 늘 아래에서부터 다가옵니다. 항상 젊은 사람들이 먼저 기술을 받아들이고 사용하기 때문입니다.

한석규와 심은하가 주연을 맡은 1998년 영화 '8월의 크리스마스' 가 있습니다. 극 중 정원(한석규 분)은 시한부 인생입니다. 날이 얼마 남지 않자 홀로 남겨질 아버지에게 비디오를 녹화하는 순서를 아주 천천히 알려줍니다. 많은 관객이 울컥했던 장면입니다.

지금 팀장 중 40~50대라 해도 대부분 디지털을 처음 받아들인 세대입니다. 컴퓨터를 처음 썼고 삐삐도 처음 썼고 스마트폰도 처 음 쓴 세대입니다. 30대 팀장도 한때 디지털 키드란 소리를 들었습니다. 그럼에도 불구하고 요즘 젊은 팀원이 AI 같은 첨단 기술을 받아들이는 속도를 팀장이 못 따라갑니다. 오죽하면 경험 많고 나이 많은 직원이 신입사원을 멘토링하는 걸 반대로 하는 리버스 멘토링reverse mentoring이 나왔을까요.

미국 유틸리티와 제조의 자존심 제너럴일렉트릭GE의 잭 웰치 회장이 1999년에 영국 출장을 하던 중이었습니다. 말단 엔지니어에게 인터넷이 얼마나 대단한지 듣고 큰 충격을 받았습니다. 잭 웰치 회장은 출장에서 돌아오자 마자 임원 500명에게 후배들로부터 인터넷같은 첨단 기술과 문화를 배우라고 지시했습니다. 이때부터 많은 기업이 젊은 사람들에게 대신 배우는 리버스 멘토링을 도입하기 시작했습니다.

이제 우리는 팀원이 업무를 할 때 무슨 AI를 쓰는지, 어떻게 쓰는지, 얼마나 효율이 나는지 팀원에게 물어봐야 합니다. 그런데 이게 말이 쉽지 막상 물으려 하니 부끄럽기도 하고 뭘 물어야 할지도 잘 모르겠습니다. 괜히 상사가 혼자 공부하면 될 걸 갑질처럼 물어본다고 뒤에서 수군거릴까 싶기도 합니다.

그런데 사실 팀원도 잘 모릅니다. 몇몇 팀원이 한두가지 AI를 우연히 발견하고 쓰는 것뿐입니다. 회사에 AI 활용 체계가 잘 잡혀 있는 것도 아니고, 입사할 때 컴퓨터활용능력에서 배우는 건 윈도우, 엑셀, 파워포인트 정도입니다. 팀원이 AI를 엄청 잘 쓰는 것처럼 보이지만 막상 들여다보면 몇가지 기능 정도만 쓸 뿐입니다. 정작 자기 업무를 효율화하기 위해 뭘 해야 하는지 팀원도 잘 모릅니다.

업무는 기본적으로 프로젝트와 프로세스에 속합니다. 팀원은 개별 업무를 주로 합니다. 그래서 전체 프로젝트와 프로세스를 이해하고 AI를 사용하는 것은 아닙니다. 팀원은 매출 데이터 엑셀 작업에 AI를 사용하는 것뿐이지 매출 데이터 보고 프로세스나 매출 향상 프로젝트 전체에 AI를 사용하는 건 아닙니다.

비슷한 일을 하는 팀원이 모두 AI를 사용하는 것도 아닙니다. 박 대리는 AI로 보고서를 쓰는데 최 대리는 구글에서 열심히 문헌을 찾아 요약합니다. 홍 주임은 AI로 SNS 카드 뉴스를 만드는데 김 주임은 파워포인트로 배너를 기획하고 외주를 맡깁니다.

팀원 개인의 업무 효율은 팀원 개인의 책임일 수 있지만 팀 전체의 업무 효율은 팀장의 책임입니다. 팀원 한 명이 좋은 AI 툴을 잘 사용하고 있으면 이걸 활용할 만한 다른 팀원에게 그 사실을 알려주는 건 팀장의 역할입니다. 업무 프로세스 전반에 AI를 활용해서 프로세스 생산성을 높이는 게 팀장의 역할입니다.

AI와 업무 프로세스 혁신

팀원은 자기 업무에 AI를 씁니다. 예를 들어 온라인 쇼핑몰 마케터는 제품별 페이지뷰를 분석하기 위해 엑셀을 사용합니다. 시스템에서 각종 데이터를 다운로드 해서 엑셀에서 정리하여 분석합니다. 통계도 내고 차트도 만들고 시사점도 찾습니다. 그런데 이 일을 AI를 사용해서 할 수 있습니다.

예를 들어 OpenAI의 GPT4를 사용하면 Data Analyst가 있습니다. 엑셀 파일을 업로드하면 알아서 다 분석합니다. 잘못된 데이터를 바로잡기도 하고 기초적인 통계나 빅데이터 분석도 다 해줍니다. 데이터를 보고 시사점도 찾아줍니다.

팀원이 이렇게 AI를 쓰면 본인이 엑셀에서 직접 하는 것보다 시간이 엄청나게 절약됩니다. 물론 비용도 줄일 수 있습니다. 자기 시간을 5시간 써서 할 일을 GPT4는 10분이면 할 수 있습니다. 시간당 최저 임금 정도로 잡아 1만 원이라 해보겠습니다. 대강 5시간이 줄었다고 하면 비용은 5만 원이 준 겁니다. GPT4 사용료는 월 20불입니다. 3만 원도 되지 않습니다.

품질도 AI가 한 것이 훨씬 낫습니다. 팀원이 통계 전문가도 아니고 데이터 과학자도 아닌 이상 절대로 GPT4의 Data Analyst보다 더 잘 분석할 수는 없습니다. 물론 Data Analyst가 팀원이 가진 도메인 지식을 모를 수 있어서 제대로 통찰을 못할 수도 있습니다. 하지만 이런 통찰은 어차피 팀장과 팀원 사이의 보고와 검토 과정에서 나오는 경우가 많습니다. 기본적인 분석 결과를 보면 사람이 AI를 따라가진 못합니다.

AI를 사용한다는 것은 결국 시간, 비용, 품질의 딜레마를 극복하는 일입니다. 비즈니스란 것이 따지고 보면 시간, 비용, 품질의 딜레마를 극복하는 일입니다. 일반적으로 어떤 업무의 시간을 줄이려고 하면 비용은 늘어나고 품질은 떨어집니다. 비용을 줄이려고 하면 시간은 늘어나고 품질은 떨어집니다. 품질을 높이려고 하면 시간과 비용이 늘어납니다.

비즈니스는 업무와 업무 프로세스의 시간, 비용, 품질을 개선하고 혁신하는 일입니다. 여기에 어떤 도구가 활용되어서 개선과 혁신이 가능하다면 마다할 이유가 없습니다. 지난 100여 년의 비즈니스 역사에서 이미 수많은 도구가 시간, 비용, 품질의 개선과 혁신

Time

Cost   Quality

● 비즈니스의 시간, 비용, 품질 딜레마

을 이끌었습니다. 컨베이어 벨트, 지게차, 산업로봇 등이 생산을 혁신했고, 컴퓨터, 엑셀, ERP, 웹브라우저, 복합기, 스마트폰 등이 사무 혁신도 계속 이루었습니다.

이제 AI도 그 역할을 하려는 겁니다. AI를 활용하면 시간을 줄이면서도 비용이 늘지 않고 품질도 유지할 수 있습니다. 비용을 낮추면서도 시간이 늘지 않고 품질을 유지할 수 있습니다. 품질을 높이면서도 시간과 비용이 늘지 않게 할 수 있습니다. 스마트폰이 도입되면서 모든 사람이 모바일로 결제를 하고 언제 어디서나 서로 연결되어 있어서 시간, 비용, 품질의 딜레마를 이겨내듯이, AI도 그런 정도의 역할을 한다는 겁니다. 따라서 팀장은 업무 프로세스 전반에 AI를 도입해서 팀의 시간, 비용, 품질에서 개선이나 혁신을 해야할 때입니다.

첫째, 시간부터 보겠습니다. 비즈니스에는 시간이 여러 종류가 있습니다. 팀원이 가장 많이 쓰는 시간은 일 자체를 하는 시간, 즉 작업 시간duration입니다. 보고서를 작성한다고 하면 작성 시간이 작업 시간입니다. 엑셀로 데이터를 분석한다고 하면 분석 시간이 작업 시간입니다. 실제로 그 일에 걸린 시간입니다. 팀원은 AI를 사용해서 작업 시간을 줄일 수 있습니다.

팀원이 작업 시간을 들여서 작업하고 나면 그 작업이 끝이 아닙니다. 다음 작업으로 넘어갑니다. 팀원이 보고서를 썼다면 팀장이 검토를 해야 하므로 팀장의 검토 작업으로 넘어가야 합니다. 이때 두 작업 사이에 간격이 되는 시간, 인터벌Interval이 생깁니다. 인터벌을 줄이기 위해 우리는 메일이나 메신저, 전자 결재나 협업툴을 사용합니다. 팀원이 보고서를 작성한 다음 메일로 팀장에게 보내면 팀장은 외부에 있어도 스마트폰으로 바로 알람을 받고 메일을 열어 보고서를 검토할 수 있습니다. 인터넷의 발전이 인터벌을 줄이는 데 가장 큰 역할을 했습니다.

그런데 사람이 관여하지 않는 인터벌도 있습니다. 예를 들어 복합기를 보겠습니다. 복합기에 들어 있는 잉크는 사용량이 많으면 금방 부족해집니다. 이때 잉크가 부족하면 복합기가 스스로 인지해서 알려줍니다. 잉크가 부족하니 채우라고 담당자에게 메일을 보내거나 메시지를 내보냅니다. 그러면 담당자가 메일이나 메시지를 확인하고 구매팀에 잉크 구매를 요청하거나 합니다. 문제는 바로 이 인터벌입니다. 복합기의 잉크가 부족한 상태가 되었을 때 담당자가 알게 됩니다. 만약 잉크가 부족하지 않은 상태이지만 복합기가 내일이나 글피에 잉크가 부족해질 거라고 예측할 수 있으면 어떻게 될까요? 그러면 담당자는 복합기의 예측을 미리 받아서 잉크가 부족해지는 상태를 미연에 방지할 수 있습니다. 게다가 잉크를 주문하는 여유 시간도 생깁니다.

AI가 인터벌을 줄이는 데 큰 역할을 할 수 있다면 전체 프로세스의 시간도 줄일 수 있습니다. 전체 프로세스를 비즈니스에서는 리드 타임lead time이라고 합니다. 어떤 주문의 시작부터 최종 납품까지 시간을 말합니다. 공장에서 리드 타임은 생산 주문부터 출고까지입니다. 보고서에서 리드 타임은 보고서 작성 지시 때부터 최종 결재까지입니다. 즉 한 프로세스를 시간으로 표현하면 리드 타임이 됩니다. AI는 작업 시간과 인터벌을 줄임으로써 리드 타임을 줄일 수 있습니다.

리드 타임을 줄이는 일은 현대 비즈니스에서 매우 중요합니다. 예를 들어 쿠팡의 로켓 배송 같은 겁니다. 쿠팡의 성공 요인 중 가장 많이 얘기하는 것은 로켓 배송입니다. 고객이 상품을 주문한 시점부터 상품을 받는 시점까지 시간을 대폭 줄인 겁니다. 상품 주문부터 납품까지 프로세스를 혁신한 결과입니다. 이제는 이걸 AI가 할 수 있습니다. 예를 들어 고객이 오늘 주문해서 내일 아침에 받고 싶은 상품이 무엇인지 AI가 예측합니다. 그리고 그 만큼의 상품을 미리 사입하거나 재고로 확보하거나 고객과 가까운 유통센터에 갖다 놓습니다. 그러면 경쟁사보다 더 빨리 고객에게 배송할 수 있습니다. 실제로 아마존은 아마존 프라임 서비스를 시작하면서 고객의 주문 패턴을 분석해 미리 배송하는 특허도 냈고 서비스도 시작했습니다.

팀장은 팀원 개인의 작업 시간을 줄이는 데에도 신경 써야 하지만, 팀원과 팀원, 팀원과 팀장, 팀원과 고객 사이의 인터벌을 줄이는 데 더 신경을 써야 합니다. 이건 프로세스 관점, 리드 타임 관점에서 AI를 봐야 한다는 말입니다.

둘째, 비용을 보겠습니다. 사실 비용 문제는 좀 다른 관점에서 봐야 합니다. AI가 팀의 비용을 줄이는 건 많습니다. 문제는 팀이 AI를 도입하는 비용을 감당할 수 있느냐 하는 겁니다. 이건 비용이 비싸서 생기는 문제가 아닙니다. 비용은 정말 얼마 들지 않습니다. AI를 전사 차원으로 도입하려면 비용이 어마하게 많이 듭니다. AI 모델 자체가 몇몇 회사가 독점하다시피 했기 때문에 부르는 게 값입니다. 소프트웨어뿐 아니라 하드웨어도 돈이 많이 듭니다. 물론 클라우드 서비스를 이용하는 것도 가능하지만 내부 IT 시스템이 모두 클라우드로 돌아가진 않습니다. 기존 IT 시스템과 호환도 생각해야 합니다. IT 시스템이란 게 기능 하나 바꾸려고 해도 수백 수천 수억 깨집니다.

하지만 팀에서 사용하려고 하면 비용이 그리 많이 들지 않습니다. 팀 단위에서는 AI 애플리케이션을 워크스페이스*workspace*처럼 사용하면 되기 때문입니다. 지금도 많은 팀이 자체 워크스페이스를 갖고 있습니다. 팀 폴더가 대표적입니다. 팀내 파일 공유를 위해 팀 폴더를 하나 만들어서 사용하곤 합니다. 클라우드 기반의 팀 폴더, 즉 웹하드 같은 것을 사용하기도 합니다. 협업툴을 사용하면 팀 폴더를 넘어서 팀 내 협업이 가능합니다. 슬랙 Slack 이나 팀즈 Teams 같은 협업툴에 팀 워크스페이스를 만들고 운영하는 팀도 제법 많습니다.

OpenAI도 GPT4를 워크스페이스처럼 사용할 수 있게 서비스를 하고 있습니다. 일반적으로 개인이 사용할 수 있는 유료 계정은 ChatGPT 플러스 요금제이고 월 20$입니다. 하지만 팀 단위로 GPT4를 사용하면서 AI의 답변을 공유하고 팀원이 만든 GPT를 공유하는 등의 협업이 가능한 팀 요금제가 있습니다. 최소 2명 이상의 사용자가 있어야 하며 한 사람당 월 25$입니다. 팀장 포함 팀원이 8명이면 한달에 200$입니다. 월 26만 원 정도입니다. 1년 해도 300만 원가량입니다.

물론 팀 단위에서 연 300만 원이면 적은 돈은 아닙니다. 하지만 팀에서 다양한 AI를 만들고 공유하고 필요하면 협업하는 일을 할 수 있는 대가치고는 매우 싼 편입니다. MS 오피스 툴의 월 구독료가 직원 1명당 싼 라이선스는 1만 원입니다. 엑셀, 워드, 파워포인트를 쓰는 비용을 생각하면 AI 비용은 절대 크지 않습니다. 또한 MS 오피스에서 사용할 수 있는 AI인 코파일럿은 사용자당 월 30$입니다. 팀 단위에서 업무에 절대적인 영향을 끼치는 오피스 툴이든 AI 툴이든 1인당 월 구독료가 적게는 1만 원부터 많아도 3~4만 원입니다. 이 정도면 회식 한 번 할 돈입니다.

문제는 비용이 아닙니다. 비용이 1억, 10억, 100억 드는 건은 의외로 결재 받기 쉽습니다. 상사가 지시한 일이 대부분이기 때문입니다. 하지만 팀장이 정작 10만 원, 100만 원 드는 건은 상사에게 결재 받으려면 쉽지 않습니다. 적은 돈이라도 상사에게 설명을 해야 하고 상사는 AI를 잘 몰라서 그게 왜 필요한지 이해를 못합니다. 결국 팀장이 자기 선에서 전결을 해야 하는데, AI란 것이 근본적으로 IT 시스템이므로 전사의 IT 체계와 어긋나면 IT 부서에서 말이 나옵니다. 또한 보안의 문제도 크기 때문에 보안 부서에서도 제재를 가합니다. 돈은 얼마 안 드는데 이런 저런 말만 많은 일이라 실제로 많은 팀장이 팀내 AI 도입에 적극적으로 나서지 않습니다.

어차피 우리는 모두 AI를 써야 합니다. 엑셀이 처음 나왔을 때 많은 상사가 그냥 종이에 펜으로 쓰면 되는데 굳이 10만 원 주고 엑셀을 구입해서 타이핑하고 인쇄할 필요가 뭐 있냐고 했습니다. 지금은 모두 엑셀을 사용합니다. 그때 겨우 10만 원밖에 안 하는 엑셀 프로그램을 구매하려고 결재를 올리는 게 얼마나 어려운 일이었는지 아시나요? 그래서 당시에 기업의 모든 직원이 해적판을 사용한 겁니다.

팀장은 어떻게든 월 20$를 끌어와야 합니다. 다행히 많은 AI 서비스가 웹 서비스여서 동시 접속도 가능합니다. 팀원 모두가 유료 계정을 갖지 않아도 됩니다. 계정 한두 개만 사서 서로 공유해도 됩니다. 물론 시간당 사용량에 제한은 있지만 조금 불편을 감수하면 팀장의 법인카드만으로도 충분히 쓸 수 있습니다.

셋째, 마지막으로 품질을 보겠습니다. AI는 확실한 품질 제고 효과를 보여줍니다. 그런데 모든 업무에서 품질을 올리는 건 아니고, 특정한 작업에서만 품질을 높일 수 있습니다. 예를 들어 팀원이 보고서를 작성할 때 매출 데이터를 엑셀에서 계산을 했습니다. 이 내용을 파워포인트에 표로 붙였습니다. 팀장은 파워포인트의 표 데이터를 보고 검토합니다. 이때 계산이 다 맞아야 보고서의 품질이 높아집니다.

보고서에서 숫자 계산이 제대로 되었는지는 팀원만 확인할 때도 있고 팀장이 확인할 때도 있습니다. 하지만 숫자 데이터가 많아지면 일일이 확인하기가 어렵고 그래서 계산이 틀리거나 숫자 형식 등이 잘못된 경우가 생깁니다. 이때 크로스 체크를 한답시고 다른 팀원에게 체크를 요청합니다. 이러면 당연히 시간과 비용이 증가합니다.

사실 이런 일은 현업 부서와 지원 부서 사이의 문제이기도 합니다. 예를 들어 현업 부서에서 원자재를 구매할 때 지원 부서인 구매팀의 협조를 얻어야 합니다. 이때 구매팀은 구내 관련 내용을 꼼꼼히 점검합니다. 숫자가 많은지 개수가 많은지 일일이 확인합니다. 구매 업무에 시간과 비용을 들여서 품질을 높이는 겁니다.

AI를 사용하면 이 시간과 비용을 줄일 수 있습니다. 숫자가 가득한 데이터나 엑셀 파일을 AI에게 던져주고 점검하라고 하면 됩니다. AI가 숫자의 합이나 평균, 행마다 계산식이 맞는지, 열마다 같은 규칙이 적용되는지 다 확인할 수 있습니다. 보고서 줄글의 문법 체크도 합니다. 맞춤법이 맞는지, 마침표는 있는지 다 체크할 수 있습니다.

이렇듯 AI는 시간, 비용, 품질의 딜레마를 극복하고 혁신할 수 있습니다. 팀장은 AI를 단순히 솔루션 하나쯤으로 생각해서는 안 됩니다. AI가 업무 프로세스 전반에 걸친 시간, 비용, 품질의 문제를 해결하는 프로세스 혁신PI : Process Innovation이나 비즈니스 프로세스 리엔지니어링BPR : Business Process Reengineering 관점에서 봐야 합니다. 또한 개인의 생산성 툴을 넘어서서 팀의 협업 플랫폼으로 AI를 바라봐야 합니다.

AI 업스킬링,
AI 리스킬링

일을 잘하려면 적절한 지식Knowledge, 스킬Skill, 태도Attitude가 필요합니다. 예를 들어 한 팀원이 온라인 설문지를 만들어서 보고해야 한다고 해보겠습니다. 설문 항목을 설계하기 위해서는 설문 주제에 관한 지식이 있어야 합니다. 온라인 설문지를 만들려면 구글 설문과 같은 도구를 사용해야 합니다. 잘 모른다면 묻거나 배우려는 태도가 있어야 합니다.

지식은 일을 하는 방법입니다. 스킬은 일을 하는 도구입니다. 태도는 일을 하는 마음가짐입니다. 여기서 AI는 일을 하는 도구, 스킬에 가장 큰 영향을 미칩니다. AI는 소프트웨어이고 소프트웨어는 일하는 도구로 시작하고 발전했기 때문입니다. 엑셀이나 구글 캘린더 같은 것을 보면 금방 알 수 있습니다.

일하는 도구가 발전을 했다면 우리의 스킬도 고도화해야 합니다. 엑셀은 버전이 올라갈 때마다 새로운 기능이 생겨납니다. 그런 기능을 숙련해야 일을 잘합니다. 업스킬링upskilling이라고 합니다. 엑셀 대신 파워 BI나 태블로, 구글 시트나 R, 파이썬Python 같은 것이 새로 생겼다면 그런 도구를 다루는 스킬도 배워야 합니다. 리스킬링reskilling이라고 합니다.

일하는 도구에 AI가 들어오면서 모든 직원은 AI 관점에서 업스킬링과 리스킬링을 해야 합니다. 그런데 최근까지도 많은 조직이 잘못된 업스킬링과 리스킬링 방법을 택했습니다. 예를 들어 공장에서 30년 일한 반장들을 불러다 6개월 동안 하루도 쉬지 않고 빅데이터 분석 기법과 파이썬 프로그래밍을 가르쳤습니다. 공장에 돌아간 반장들은 공장 데이터를 가지고 분석하고 프로그래밍했을까요? 전혀 그렇지 않았습니다.

새로운 도구를 배웠지만 정작 자신들의 업무와는 그렇게 관계가

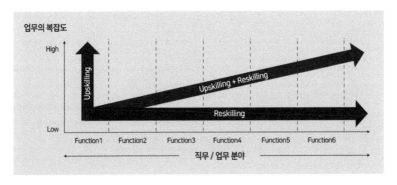

● 업스킬링과 리스킬링

없었습니다. 업무를 개선하고 혁신하는 데에 그만큼 많은 시간을 투자할 필요도 없었고, 그렇게 배운 것을 다 써먹을 만한 환경도 안 되었던 겁니다. 처음부터 일하는 방식에서 리스킬링, 업스킬링을 한 게 아니라, 뭔가 새로운 것이 나와서 유행하니 일단 배워보자는 식으로 접근했던 겁니다.

AI 시대에 AI 스킬을 고도화하고 모르면 배워야 하는 건 당연합니다. 하지만 평소 본인이 어떻게 일하는지도 모르고 무작정 배워야 하는 새로운 분야로 AI를 생각해서는 안 됩니다. 원래 하는 일에서 AI가 자연스럽게 스며들어야 제대로 리스킬링, 업스킬링이 됩니다.

이걸 하기 위해서는 일단 일하는 방식에서 AI를 시작해야 합니다. 산업이든 공공이든 어느 조직이나 할 것 없이 일하는 방식은 비슷합니다. 필자는 이걸 비즈니스 사이클이라고 합니다. 어떤 조직의 어떤 직원이든 대동소이 하게 비즈니스 사이클대로 움직입니다. 비즈니스는 어디에서 시작해서 어떻게 진행되고 끝나는지 비즈니스 사이클을 알아보겠습니다.

우선, 비즈니스의 시작은 무엇일까요? 제품? 고객의 니즈? 새로운 아이디어? 설문조사? 이런 것을 비즈니스의 시작이라고 생각하는 사람도 있겠지만, 비즈니스의 시작은 그런 것이 아닙니다. 비즈니스의 시작은 '문제'입니다.

비즈니스는 문제 해결 과정이라고 합니다. 문제가 있어야 비즈니스를 시작합니다. 내가 돈이 없는 것도 문제고, 고객은 필요로 하는데 시장에 제품이 없는 것도 문제입니다. 무언가 기획하기 전에는 항상 문제가 있어야 합니다.

그런데 문제가 있다고 해서 전부 다 비즈니스로 전환이 된다? 또 그렇지는 않습니다. 인식이 있어야 합니다. 문제가 문제인지 모르면 어떻게 될까요? 아무것도 안 합니다. 그래서 문제 인식을 해야 합니다.

문제를 인식하고 나면 이제 그 문제를 풀지 말지 의사결정을 할 수 있습니다. 그런데 의사결정의 대부분은 기각이나 반려입니다. 회사에서 보고서를 올리면 반려되는 경우가 많습니다. 10건 올리면 9건 정도는 기각되거나 반려됩니다. 그게 정상입니다. 비즈니스 제약 때문입니다.

우리에게는 항상 없는 것이 세 가지 있습니다. 돈, 사람, 시간입니다. 이것이 비즈니스의 제약입니다. 비즈니스는 항상 돈, 사람, 시간, 세 가지가 없는 상태에서 최선의 의사결정을 하는 것입니다. 그래서 모든 문제를 다 풀 수 없기에 10건 중 9건은 기각되거나 반려됩니다.

하지만 개중에 어떤 문제는 꼭 풀어야 할 때가 있습니다. 그때 의사결정권자는 그 문제를 해결하겠다며 지시합니다. 그럼 뭐가 생길까요? 일이 생길까요? 아직 아닙니다. 위에서 의사결정을 하고 해결을 지시하는 순간 우리에게 생기는 것은 목적입니다.

목적 없이 일하는 경우를 많이 봤을 겁니다. 왜 일하는지 모르고 일하는 사람들이 참 많습니다. 위에서 무언가 의사결정을 하고 해결을 지시했을 때 우리가 첫 번째로 알아야 할 것은 '왜요? 그거 왜 하는 거죠?'라는 목적 의식입니다.

문제가 무엇이고 어떻게 인식하고 있고 전에는 안 했는데 이번에는 왜 해결하려고 하는지를 '배경'이라고 합니다. 그래서 배경과 문제를 붙여서 흔히 '배경 및 문제'라고 보고서 첫 목차를 쓰곤 합니다. 배경을 제대로 파악하고 목적을 먼저 정하라는 의미입니다.

목적이 생기면 이제 조사라는 걸 합니다. 그럼 뭐가 나올까요? 바로 문제점이 나옵니다. 문제와 문제점의 차이를 아시나요? 문제는 설비고장, 매출하락, 불안한 미래 같은 것을 말합니다. 즉, 우리가 해결해야 할 현상입니다.

그럼 문제점은 뭘까요? 설비가 노후화되면 고장이 날 수 있죠? 관리인력이 부족해도 설비가 고장이 날 수 있죠? 사내갈등이 심해서 내 설비, 네 설비 다투다 보면 설비가 고장이 날 수 있죠? 문제점은 문제를 일으키는 요인을 말합니다.

상사가 문제를 파악하라고 하면 그건 문제를 파악하는 것이 아니라 문제점을 파악하라는 겁니다. 그때 우리는 문제가 되는 데이터를 분석해서 문제점을 찾습니다.

설비가 고장 나면 고장과 관련한 데이터가 있고, 매출이 떨어지면 매출과 관련한 데이터가 있습니다. 우리는 늘 이런 데이터를 실적이나 진척으로 보고합니다. 그런 데이터를 분석해서 어디에 문제점이 있는지를 찾는 겁니다. 문제와 문제점의 차이를 이제 이해할 수 있겠죠?

이제 문제점을 조사했으면 뭘 할까요? 바로 분석을 합니다. 분석하면 뭐가 나올까요? 원인 또는 이유가 나옵니다. 원인 분석은 알겠는데 이유 분석은 뭘까요? 원인과 이유는 뭐가 다를까요?

원인과 이유의 차이를 분명하게 알아야 합니다. 가령 감기에 걸렸다고 해봅시다. 그럼 감기에 걸린 원인은 무엇일까요? 그렇습니다. 바이러스 같은 것입니다. 매출이 줄어들면 원인을 찾을 텐데, 예를 들어 설비가 고장 나는 것도 원인이 될 수 있습니다. 원인은 이렇게 사물이나 현상에 사용하는 표현입니다.

그럼 이유는 무엇일까요? 감기에 걸린 이유는 추운데 옷을 제대로 안 입고 돌아다녀서 같은 것이 될 수 있습니다. 이유는 이렇게 사람에게 사용하는 표현입니다. 원인은 사물이나 현상에 사용하고, 이유는 사람에게 사용합니다.

많은 직장인이 원인만 분석해서 상사에게 보고하지만 상사는 이유를 더 궁금해합니다. 책임자를 탓해야 하는지, 조직을 바꿔야 하는지 등 이유에 관한 대책을 세워야 하기 때문입니다. 그러니 원인을 분석해서 보고할 때는 꼭 이유도 같이 보고해야 합니다.

데이터 관점에서 원인을 파악하려면 데이터를 측정하거나 분석하면 됩니다. 데이터가 명확하기 때문에 그 데이터를 측정해서 분석하는 방식을 사용하면 원인을 찾아낼 수 있습니다. 이유는 어떻게 찾을까요? 이유는 사람에게 사용한다고 했으니 당연히 사람에게 물어봐야 합니다. 고객 설문 같은 것이 나온 이유가 그것입니다. 설문하기 어려울 때는 관찰할 수도 있습니다. 최근에 디자인 씽킹 기법 등에서 고객을 관찰해서 페르소나를 만드는 것도 다 이유를 찾기 위해서입니다.

원인과 이유를 알아냈으면 이제 해결안을 도출합니다. 그러면 전략과 방안이 나옵니다. 전략과 방안의 차이를 아시나요? 회사에서 보면 전략을 얘기하라는데 방안을 얘기하는 사람이 있습니다. 반대로, 방안을 얘기하라는데 전략을 얘기하는 사람도 있습니다.

전략은 이런 겁니다. '주요 설비부터 점검한다', '디자인 업무를 외부에 맡긴다' 이런 게 전략입니다. 여러분이 로또 3등에 당첨돼서 3백만 원을 받았다고 해볼까요? 그러면 집에 있는 물건 중 바꾸고 싶은 것은 무엇인가요? 노트북? TV? 냉장고? 어떤 것부터 바꿔야 하는지 고민이 됩니다.

로또 1등에 당첨돼서 100억 원을 받았다면 어떨까요? 아직도 노트북을 바꿀지, TV를 바꿀지, 냉장고를 바꿀지 고민할까요? 안 합니다. 아마 집을 통째로 바꿀 겁니다.

로또 1등에 당첨됐다면 전략이 필요 없습니다. 전략이라는 것은 주어진 제약하에서 최선의 선택을 하기 위한 것이기 때문입니다. 아무런 제약이 없다면, 그러니까 돈과 사람과 시간이 무한하다면 주요 설비가 무엇인지 생각할 필요가 없습니다. 그냥 전수 점검하면 됩니다. 아니면 그냥 확 다 바꿔 버리면 됩니다.

돈과 사람과 시간이 무한하다면 디자인 업무를 왜 외부에 맡깁니까? 디자이너를 채용해서 내부에서 하면 됩니다. 외부 디자인 업체를 사 버리면 됩니다. 그런데 우린 항상 제약을 갖고 있습니다. 돈 없고, 사람 없고, 시간 없습니다. 그래서 전략을 세웁니다. 없는 돈, 없는 사람, 없는 시간을 잘 쪼개 쓰기 위해서입니다.

전략을 실행하려면 고민할 것이 많습니다. 주요 설비를 점검하겠다고 하면 주요 설비가 무엇인지 정해야 합니다. 어떤 사람은 비싼 설비를 주요 설비라고 하고, 어떤 사람은 가동률이 높은 설비를, 어떤 사람은 최신 설비를 주요 설비라고 할 것입니다.

외부업체에 디자인 업무를 맡긴다고 하면 외부업체를 어떻게 선정할지 정해야 합니다. 어떤 사람은 품질을, 어떤 사람은 가격을, 어떤 사람은 레퍼런스를 따집니다.

우리가 전략을 세우면 그에 따라 세부적인 기준이나 절차, 단계 같은 것이 필요합니다. 그것을 방안이라고 합니다. 즉, 제약에서 전략이 나오고 전략에서 방안이 나옵니다.

전략과 방안이 나오면 이제 뭘 할까요? 구체화합니다. 그 결과 우리에게 주어지는 것이 과제입니다. 전략과제나 실행과제, 당면과제, 장기과제 같은 말을 자주 들어봤을 겁니다.

이런 과제는 보통 부서 단위로 주어집니다. 그러면 부서장이 과제를 조각내서 부서원에게 나눠 줍니다. 이렇게 과제가 부서원에게 배분되면 그것을 업무라고 합니다.

과제는 부서에 주어지니까 KPI^{Key Performance Indicator}로 관리합니다. 업무는 개인에게 주어지니까 MBO^{Management By Objectives}로 관리합니다. 이것이 부서와 부서원에 대한 과제 평가, 업무 평가입니다. 합쳐서 성과 평가 또는 고과 평가라고 합니다.

이때 평가 대상은 실적과 성과입니다. 실적? 성과? 비슷하면서도 다릅니다. 많은 사람이 실적을 두고 성과라 우기기도 하고, 성과를 두고 실적이라 낮추기도 합니다. 실적과 성과는 무엇이 다른 걸까요?

예를 들어 제가 작년에 매출 10억 원, 올해 15억 원을 올렸습니다. 그러면 실적은 확실히 올랐습니다. 그런데 성과도 좋아졌을까요? 성과를 알려면 다른 영업 사원의 실적을 봐야 합니다. 예를 들어 다른 영업 사원 실적 평균을 보니 작년에 매출 10억 원, 올해는 20억 원을 올렸습니다. 그러면 실적은 올랐지만 성과는 못 낸 겁니다.

실적은 과거와 비교하는 것입니다. 성과는 경쟁자의 실적과 비교하는 것입니다. 딱히 일을 제대로 한 것도 아닌데 시장이 호황이어서, 환율이 좋아져서 실적이 오를 수 있습니다. 하지만 이건 성과가 아닙니다. 남들보다 더 많은 매출이나 이익을 내야 성과가 되는 겁니다.

실적이 좋아지면 칭찬을 하고, 성과가 났으면 성과금을 줘야 합니다. 단순히 실적이 좋아졌는데 성과는 안 보고 성과금을 주면 공정하지 않습니다. 반대로 어려운 시장 여건에서 다들 매출이나 이익이 많이 줄었는데, 우리만 덜 줄었다고 하면 이것도 성과입니다.

실적과 성과가 나면 우리는 어떤 변화를 기대합니다. 그것을 기대효과라고 합니다. 기대한 효과가 안 나타나면 어떻게 될까요? 불만족스러울 겁니다. 그러면 다시 문제가 됩니다. 이것이 바로 비즈니스에서 일이 돌아가는 것을 설명한 비즈니스 사이클입니다.

여기에서 우리는 중간 중간에 보고서를 씁니다. 전략에서 보고서를 쓰면 전략보고서, 업무에서 쓰면 업무보고서, 실적에서 쓰면 결과보고서, 이런 식으로 보고합니다. 이 보고서를 중간관리자한테 전달합니다. 그러면 중간관리자가 검토하고 최종 의사결정권자에게 보고합니다.

이 모든 과정을 다음과 같이 비즈니스 사이클 그림으로 표현할 수 있습니다.

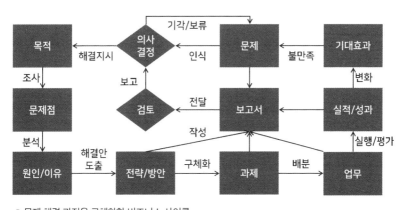

● 문제 해결 과정을 구체화한 비즈니스 사이클

이제 이 과정에서 우리가 하는 일에 지식, 스킬, 태도를 붙일 수 있습니다. 그런데 지식, 스킬, 태도가 제대로 발휘되게 하는 걸 역량이라고 합니다. 'OO력'이라고 많이 표현합니다. 이런 식으로 비즈니스 사이클의 각 단계에 'AI 기반'과 '력'을 붙이면 다음과 같은 역량 목록이 만들어집니다.

- AI 기반 문제인식력
- AI 기반 의사결정력
- AI 기반 조사력
- AI 기반 분석력
- AI 기반 창의력
- AI 기반 기획력
- AI 기반 실행력
- AI 기반 측정력
- AI 기반 평가력
- AI 기반 전달력
- AI 기반 검토력
- AI 기반 보고력
- AI 기반 문제제기력
- AI 기반 통찰력
- AI 기반 시사력

이 목록이 팀장이 강화해야 할 팀원의 AI 기반 역량입니다. 팀원이 비즈니스 사이클에서 무엇을 잘 못하는지 파악해서 그걸 AI 기반으로 강화하는 겁니다.

예를 들어 팀원이 조사 분석은 잘 하는데 보고서를 잘 못 씁니다. 그러면 보고력에 AI 스킬을 더해서 AI 기반 보고력으로 업스킬링하는 겁니다. 만약 팀원이 평소에 조사 업무만 했는데 데이터 분석 업무를 시키겠다고 하면 전통적인 통계를 가르치는 것이 아니라 처음부터 AI 기반 분석 스킬을 알려주는 겁니다

AI 시대에 팀원의 역량을 높이거나 새로운 역량을 만드는 데 중요한 것은 AI 기술에서 시작하는 것이 아니라는 겁니다. 비즈니스 사이클에서 본인이 부족한 것이 무엇인지를 찾아 그걸 AI 기술로 경쟁력을 갖춘다는 것이 핵심입니다.

그렇다면 팀장이 팀원이나 팀의 AI 역량을 높이는 방법이 자연스럽게 나옵니다. 비즈니스 사이클을 바탕으로 팀원이나 팀의 역량을 지식, 기술, 태도로 파악하고 어떤 단계나 영역이 부족한지 경쟁력이 낮은지 확인합니다. 그 단계나 영역에 AI 지식이나 AI 스킬이나 AI 태도를 접목합니다.

부족하고 경쟁력이 낮은 단계나 영역부터 AI를 적용한다는 말은 거꾸로 보면 충분하고 경쟁력이 높은 단계나 영역은 AI를 적용하지 않는다는 말로 들립니다. 네, 그렇습니다. 전사 단위에서는 AI를 강점 강화로 생각합니다. 당연히 충분하고 경쟁력 높은 곳에 AI를 도입하려고 합니다.

하지만 팀 단위에서는 강점에 AI를 도입하는 것은 매우 위험한

일입니다. 전사에서 봤을 때 팀의 강점은 팀의 사업입니다. 영업팀은 영업이고, 생산팀은 생산이고, 신사업팀은 신사업입니다. 그게 회사가 보는 팀의 강점입니다. 거기에 AI를 적용한다는 말은 AI 영업, AI 생산, AI 신사업과 같은 말입니다. 스킬이 아니라 새로운 시장을 만든다는 말로 들리기 마련입니다.

만약 팀에 강점이 되는 것이 있어서 AI를 적용하겠다면 전사 관점에서 검토하도록 해야 합니다. 팀장의 업무를 넘어서는 것입니다. 이런 건 아이디어 제안 정도로 하고 한발 빼는 것이 낫습니다. 팀장이 주력할 일은 팀 내의 병목을 줄이고 약점을 보완하는 겁니다. 일단 여기부터 AI를 적용해 보십시오.

천재 AI 팀원과 일하기

현재 AI 업계에서 천재라고 하면 테슬라 CEO 일론 머스크와 ChatGPT를 만든 OpenAI CEO 샘 올트먼을 얘기합니다. 그런데 2024년 3월에 일론 머스크가 샘 올트먼을 고소했습니다. 고소 이유는 인류를 널리 이롭게 하기 위해 인공지능을 만들겠다는 약속을 저버렸다는 겁니다. 많은 사람들이 무슨 황당한 일이냐 하겠지만 사실 일론 머스크는 OpenAI의 공동설립자입니다.

일론 머스크는 OpenAI를 설립하기 직전인 2014년에 딥마인드를 인수하려고 했습니다. 딥마인드는 알파고를 만든 회사입니다. 하지만 구글이 딥마인드를 인수하자 일론 머스크는 구글이 AI를 독점해서 세상을 위험하게 만들 거라고 생각했습니다. 그래서 샘 올트먼과 함께 AI를 오픈해야 한다는 생각으로 비영리기관 OpenAI

를 설립한 겁니다. 두 사람이 2016년에 대화한 유튜브 영상에서 일론 머스크는 이렇게 말합니다.[*]

"인류의 미래에 큰 영향을 미칠 것으로는 에너지, 인터넷, 유전 그리고 AI가 있을 겁니다. 단기적으로 인류에게 가장 큰 영향을 미치는 것은 AI입니다. 저는 AI의 등장이 좋은 방향으로 이루어져야 한다고 생각합니다. AI는 정말 잘못된 방향으로 발전할 수 있습니다. 저는 여러 번 얘기했습니다. 우리는 정말로 AI를 올바른 방향으로 발전하도록 해야 합니다. 그래서 AI 개발 작업과 좋은 미래를 만드는 것이 현재 가장 중요한 일이라고 생각합니다. 가장 시급한 문제입니다."

일론 머스크는 AI의 독점을 막아야 한다고 얘기합니다.

"제가 생각할 수 있는 대안 중 하나는 AI 기술의 민주화입니다. 몇몇 기업이나 소수의 개인이 고급 AI 기술을 통제하지 않도록 하는 것입니다. AI를 독점하는 건 인류에 매우 위험할 수 있습니다. 나쁜 사람들이 훔칠 수도 있고, 독재 국가에서 다른 나라의 AI를 훔치고 통제할 수 있습니다. 세계는 매우 불안전해질 수 있습니다. 따라서 AI 기술을 널리 사용할 수 있도록 해야 하며, 우리가 OpenAI를 창설한 이유입니다. AI의 독점을 막아야 합니다."

AI의 독점을 막고 AI를 오픈하려고 만든 OpenAI는 오히려 AI를 독점하고 있다는 게 일론 머스크의 생각입니다. 실제로 OpenAI의

---

[*] "Elon Musk Interview with Sam Altman (2016.9.15)", 유튜브, https://youtu.be/q9icMJ48z6U?si=31YiQTt-DnekH7Qc

주인이 마이크로소프트라는 건 공공연한 비밀입니다. OpenAI의 이사회가 샘 올트먼을 이사회에서 쫓아내려고 하자 마이크로소프트가 받아들이려 했습니다.

구글의 연구 결과를 가지고 만든 ChatGPT를 둘러싼 초거대 디지털 기업의 전쟁은 AI의 독점과 함께 부작용도 많이 만들고 있습니다. 하루가 멀다 하고 새롭게 발전하는 AI가 등장하면서 스타트업이 사라지고 있다고도 합니다. 웬만한 인터넷 서비스는 AI가 대체할 걸로 모두가 보고 있습니다. 모든 혁신의 엔진을 AI가 다 빨아들이고 있는 겁니다. 이런 와중에 AI 옹호론자와 AI 경계론자의 대립은 더 심화하는 모습입니다.

대표적인 AI 옹호론자는 OpenAI의 CEO인 샘 올트먼과 마이크로소프트의 회장인 빌 게이츠입니다. 비영리기업이지만 기업 가치가 수 조원을 넘긴 OpenAI나, 사실상 OpenAI의 주인인 마이크로소프트가 2024년 초에 시총 4천 조 원을 넘어서며 전세계 시총 1위를 탈환한 것을 보면 두 사람이 AI를 옹호하는 게 당연해 보입니다. 한편으로는 OpenAI를 인수하지 못해 AI 주도권을 놓친 일론 머스크나 딥러닝의 아버지라 불리며 구글에 영입되었지만 알파고를 만든 딥마인드의 CEO인 데미스 하사비스에게 밀리듯이 구글을 나온 제프린 힌튼 같은 사람들은 AI를 경계해야 한다고 말하는 게 당연해 보입니다.

세기의 천재들이 이렇게 AI를 옹호와 경계, 진흥과 규제 진영으로 나뉘어 논쟁하고 있습니다. 이런 논쟁은 역설적으로 AI가 가진

● AI를 둘러싼 옹호론과 경계론

폭발력이 핵폭탄급이란 걸 의미합니다. 천재들 모두 AI가 결국 인간을 뛰어넘을 거란 걸 전제하고 얘기하는 겁니다. 실제로 차세대 AI에 대해 엄청난 연구와 논의가 이뤄지고 있습니다. 지금은 AI라고 하지만 이건 좁은 의미로 ANI Artificial Narrow Intelligence를 말합니다. 하지만 몇 년 안에 AGI 시대가 온다고 얘기합니다. 엔비디어 회장 젠슨 황은 5년 안에 AGI가 실현될 거라고 말합니다.

AGI Artificial General Intelligence는 일반 AI라고 번역하기도 하지만 정확하게는 범용 AI입니다. 이미지를 인식하거나 문서를 요약하는 등의 단편적인 AI가 아니라, 사람처럼 복잡하고 단계로 나뉘어진 업무를 별도의 학습 없이도 처리할 수 있는 걸 말합니다. 팀원이 쓰는 똑똑한 도구를 AI라고 한다면, 새로운 팀원 그 자체를 AGI라고 할 수 있을 정도입니다. 앞으로 팀원을 채용할 때는 AGI 채용도 고려해야 할 정도입니다.

사실 AI 전문가나 개발자도 AGI가 정확히 뭔지 잘 모르거나 서로 말하는 게 다릅니다. AGI의 정의를 내리기가 쉽지 않습니다. 이때 흔히 쓰는 방법이 수준을 나눠서 보는 겁니다. 예를 들어 자율주행차도 정의를 내리기가 어려워서 기술수준을 단계로 나눠서 봅니다.

레벨 0은 자율주행이 전혀 없는 단계, 레벨 1은 운전자를 지원하는 단계, 레벨 2는 부분 자동화 단계입니다. 레벨 2까지는 운전자가 운전할 때 계기판이나 전방을 반드시 주시해야 합니다. 레벨 3은 조건부 자동화 단계이며 운전자는 핸들을 잡을 필요가 없지만 비상의 경우 시스템이 요구할 때 계기판 등을 확인하거나 핸들을 잡아야 합니다. 레벨 4는 고도 자동화 단계이며 고속도로 등 특정 구간에서 운전자가 필요하지 않습니다. 레벨 5는 완전 자동화이며 어떤 구간이든 상관없이 운전자 없이 완전 자율주행이 가능합니다. 기술에서는 정의보다 기술 수준으로 단계를 나눔으로써 더 명확하게 새로운 개념을 설명할 수 있습니다.

AGI도 마찬가지입니다. 구글이 2023년 11월에 AGI의 기술 수준을 자율주행차 기술 수준처럼 단계를 나눴습니다. 이때 특수 목적 서비스와 범용 목적 서비스를 사례로 나눴습니다. 특수 목적 서비스는 지금의 AI를 말합니다. 범용 목적 서비스는 AGI, 즉 범용 AI를 말합니다. 사실 AI는 이미 5단계에 이르렀습니다. 하지만 범용적으로 쓸 수 있는 AI, 즉 AGI는 숙련되지 않은 성인 수준인 1단계에 와 있으며 대표 서비스로 ChatGPT와 구글의 BARD 등이 있습니다. 그 이상의 수준을 보여주는 서비스는 아직 없습니다.

단계	명칭	능력 수정	특수 목적 서비스 사례	범용 목적 서비스 사례
0	No AI	단순 연산	계산기	아마존, 메카니컬 등
1	Emerging	숙련되지 않은 성인	고파이 등	ChatGPT, BARD 등
2	Competent	숙련된 성인의 상위 50% 이상	시리, 알렉사 등	아직 없음
3	Expert	숙련된 성인의 상위 10% 이상	그래머리, 달리3 등	아직 없음
4	Virtuoso	숙련된 성인의 상위 1% 이상	딥블루, 알파고 등	아직 없음
5	Super human	성인 능력을 초월	알파제로, 스톡피시 등	아직 없음

● 구글의 AGI 기술 수준

숙련된 성인의 상위 50% 이상의 AGI, 즉 2단계 이상의 수준을 보여주려면 사람으로 치면 아이큐 100은 넘어야 합니다. 그런데 2024년 3월에 폭스뉴스에서 일했던 한 기자가 여러 AI 모델을 가지고 아이큐를 측정했습니다. 이 조사에서 ChatGPT는 64를 기록했습니다. ChatGPT의 유료 버전인 GPT-4는 85를 기록했습니다. 그런데 OpenAI에서 나온 사람들이 만든 Claude-3 모델은 101을 기록했습니다. 숙련된 성인의 상위 50%에 해당하는 아이큐 100을 넘긴 겁니다.[*]

＊ https://www.maximumtruth.org/p/ais-ranked-by-iq-ai-passes-100-iq

AIs ranked by IQ

AI	IQ Score	Questions right (out of 35 per test)	Chance it beats random guessing
Claude-3	101	18.5	99.999999%+
ChatGPT-4	85	13	99.9986%
Claude-2	82	12	99.9911%
Bing Copilot	79	11	99.9314%
Gemini (normal)	77.5	10.5	99.8212%
Gemini Advanced	76	10	99.5894%
Grok	68.5	7.5	87.9402%
Llama-2 (Meta)	67	7	80.3278%
Claude-1	64	6	56.3155%
ChatGPT-3.5	64	6	56.3155%
Grok Fun	64	6	56.3155%
Random Guesser	63.5	5.8333	50%

● AI 모델별 IQ

물론 논문도 아니고, 사람에게 하듯 검사한 것도 아니고, 재현성 여부도 불분명하지만 AGI의 기술 수준이 급속히 발전하고 있다는 건 부정할 수 없습니다. AGI 단계에서 0단계에서 1단계로 오르는 데 많은 시간이 걸리지만 2단계에서 3단계로, 4단계에서 5단계로 오르는 건 순식간일 수 있다는 말입니다.

AGI의 마지막 단계는 초인간입니다. 천재를 넘어 슈퍼맨입니다. 이 정도 단계가 되면 ASIArtificial Super Intelligence라고 합니다. 인간의 지능을 능가하고 스스로 목표를 설정하여 학습이 가능한 수준의 AI를 말합니다. 초지능을 가진 슈퍼맨, 아니 슈퍼 인공지능입니다.

AGI의 마지막 단계인 5단계, ASI 단계가 언제 올지는 모릅니다.

하지만 지금처럼 글로벌 톱 기업의 AI 투자와 급속한 기술 발전을 보면 생각보다 멀지는 않아 보입니다. 지금 30~40대 팀장이라면 퇴직하기 전에 ASI 팀원을 만날지도 모를 일입니다.

앞으로 10년 안에 슈퍼 인공지능을 못 만나더라도 숙련된 성인의 10% 이상 또는 1% 이상(3, 4단계에 해당)을 만날 가능성은 분명히 있습니다. 천재 수준의 AI 팀원을 맞이할 거라는 건 분명해 보입니다. 혹시 여러분은 천재 팀원을 데리고 일해본 적 있나요? 그런 적 없다면 이제 여러분보다 몇 배, 몇 십 배는 더 똑똑한 천재와 일할 준비를 해야 합니다.

언뜻 생각하면 천재 팀원과 일하면 팀 성과도 높아질 것 같고 좋아 보입니다. 실제로도 그럴 수 있지만 그러지 못할 확률이 훨씬 높습니다. 어느 날 천재 팀원이 들어와서 팀장이 풀지 못한 문제를 완전히 새로운 방식으로 풀어냅니다. 팀장이 잘 몰라서 팀원에게 제대로 조언하지 못했는데 천재 팀원이 팀원에게 최적의 팁을 알려줍니다. 팀원들은 어느새 궁금한 게 있거나 고민이 있으면 팀장 대신 천재 팀원에게 먼저 물어봅니다. 모든 정보는 팀장이 아니라 천재 팀원에게 모이게 되고 천재 팀원의 파워는 점점 세집니다. 팀장은 심리적 압박을 느끼면서 초라해지고 천재 팀원 눈치만 보게 됩니다.

천재 팀원에게 업무를 지시할 때도 마찬가지입니다. 팀상이 논리적으로 이성적으로 업무를 지시하더라도 천재 팀원은 팀장보다 더 논리적으로 더 이성적으로 반박을 하거나 항의를 하거나 의견을 물을 겁니다. 팀장이 제대로 대답하지 못하면 천재 팀원은 팀장을 무시할 수도 있습니다. 천재 팀원은 팀원들에게 이 사실을 몰래 얘기하면서 팀장을 점점 더 멍청하게 만들지도 모릅니다.

실제로 천재 팀원을 데리고 일하는 팀장이 어려움을 많이 호소합니다. 천재 팀원의 능력이 우수해서 일을 맡기면 생각보다 훨씬 빨리 처리하니 또 새 일을 맡깁니다. 어떤 때는 본연의 업무가 아닌 일도 맡깁니다. 다른 팀원은 팀장이 천재 팀원에게만 일을 시키고 편애한다고 생각합니다. 게다가 다른 팀에서 천재 팀원을 탐냅니다. 다른 팀에 빼앗기지 않기 위해서라도 팀장은 천재 팀원에게 일을 더 주거나 더 편애하려고 합니다.

천재 팀원과 일하는 건 팀장에게 참 피곤한 일입니다. 혹자는 천재 팀원과 일할 때 그들에게 겸손을 요구하지 말고 단합이나 화합도 강조하지 말라고 합니다. 천재 팀원이 실수를 했을 때는 덮어줘야 하고 그들이 스트레스를 받지 않도록 정서적으로 잘 대응해야 한다고 합니다.

그런데 천재 팀원이 AGI입니다. 겸손을 요구할 필요도 없고 단합이나 화합을 강조할 필요도 없습니다. 실수를 했을 때 다그쳐도 괴로워하지 않습니다. 스트레스를 받지도 않으며, 스트레스가 무엇인지도 모를 겁니다. 이렇게 보면 사람 천재 팀원보다 AI 천재 팀원이 데리고 일하기에 참 편할 겁니다.

하지만 문제는 다른 데 있습니다. 천재 팀원이 사람이든 AI든 천재와 일하는 팀원은 팀장만큼 편하지 않을 겁니다. 팀원 모두 무슨 일을 하든 항상 AI 천재 팀원과 비교당할 겁니다. 물론 사람 팀원이 AI 팀원을 부린다고 생각하겠지만 팀장이 직접 AI 팀원을 부릴 수 있습니다. 예를 들어 신제품 판매 추이를 보고하는 보고서를 써야 할 때, 그동안 팀원이 보고서를 써왔는데 어느 날 팀장이 AI 팀원에게 보고서를 쓰라고 합니다. 그러면 그간 보고서를 써 왔던 팀원은 AI 팀원이 쓴 보고서가 자기보다 나은지 아니면 못한지 궁금합니다. 그때 팀장이 이런 말을 했다고 해보겠습니다.

"김 대리, 내가 AI한테 보고서 쓰라고 했더니 김 대리가 이때까지 쓴 것보다 훨씬 나은데?"

이제 김 대리는 무슨 일을 하든 AI 팀원과 비교를 당하면서 자괴감에 빠질 겁니다. 자기가 무엇을 하든 AI 팀원보다 더 잘할 수는 없습니다. 물론 팀 분위기를 이끌거나 고객을 만나 접대하는 일은 AI 팀원이 못한다고 생각할 겁니다. 하지만 지금 많은 매장에서 로봇이 사람을 응대하듯이 어느 때가 되면 결국 사람 팀원의 많은 일을 AI 팀원이 대신할 겁니다. 시간이 지날수록 사람 팀원은 일하려는 의욕을 점차 잃어버립니다.

팀장이 천재 팀원과 나머지 팀원을 모두 이끌 능력이 되지 않을 때 나타나는 현상은 천재 팀원의 퇴사입니다. 사실 천재는 다른 사람 밑에서 일하는 게 쉽지 않을 겁니다. 시기나 질투도 많이 받고 생각지도 못한 일까지 해야 합니다. 한두 해 정도는 버틸 수 있지만 결국 퇴사하고 회사를 차리거나 연구에만 몰두합니다. AI의 발전은 결국 이런 천재들이 퇴사해서 회사를 차리고 연구해서 만들어낸 결과인 건 참 아이러니합니다.

아무튼 팀장에겐 황금알을 낳는 거위이면서 골칫덩어리인 천재 팀원이 퇴사하면 당장은 곤란하지만 천재가 아닌 팀원 다수를 다시 리딩하며 팀을 안정화할 수 있습니다. 그런데 사람 천재 팀원과 달리 AI 천재 팀원은 퇴사하지 않습니다. 팀장이 억지로 내보내려고 해도 회사가 마음을 바꾸지 않으면 결코 팀에서 사라지지 않습니다. 지금 분위기를 보면 회사가 폐업할 때까지 AI 팀원은 같이 있을 것이고, 윈도우와 오피스처럼 폐업한 기업의 마지막 남은 무형자산이 되어 있을 겁니다.

천재 수준의 AI 팀원을 구글은 Virtuoso, 거장이라고 표현합니다. 거장과 일하면 성과는 탁월해질 겁니다. 하지만 거장은 팀장이 만들어 놓은 팀의 모든 것을 무너뜨릴 수 있습니다. 어차피 거장은 팀원으로 데리고 일해야 한다면 그전에 거장과 일할 수 있는 팀 문화를 먼저 만들어야 합니다. 필자는 천재 AI와 일하는 팀 문화를 만들기 위해 3가지를 제안합니다.

첫째, AI 팀원의 역할을 한정합니다. AI 팀원이 사람 팀원의 일에 도움은 줄 수 있지만 팀원을 대체해서는 안 됩니다. 사람 팀원이 하는 일, AI 팀원이 하는 일을 미리 정해놓고 영역을 침범하지 못하게 해야 합니다.

둘째, AI 팀원과 사람 팀원을 비교하지 않습니다. AI 팀원의 역할을 한정하더라도 일하다 보면 사람 대신 AI에게 시킬 수 있습니다. 그랬더라도 AI 팀원과 사람 팀원의 능력이나 성과를 비교해서는 안됩니다.

셋째, AI 팀원의 발언권을 제한합니다. AI가 사람보다 더 많은 아이디어나 의견을 제시할 수 있습니다. 하지만 이런 식으로 AI의 도움을 무한정 받으면 사람 팀원 중 누구도 아이디어를 내지 않을 겁

우아한형제들

송파구에서 일을 더 잘하는 11가지 방법 몸촌로성역 편

1. ~~9시 1분은 9시가 아니다.~~ 12시 1분은 12시가 아니다.
2. 실행은 수직적! 문화는 수평적~
3. 잡담을 많이 나누는 것이 경쟁력이다.
4. 쓰레기는 먼저 본 사람이 줍는다.
5. 휴가나 퇴근시 눈치 주는 농담을 하지 않는다.
6. 보고는 팩트에 기반한다.
7. 일의 목적, 기간, 결과, 공유자를 고민하며 일한다.
8. 책임은 실행한 사람이 아닌 결정한 사람이 진다.
9. 가족에게 부끄러운 일은 하지 않는다.
10. 모든 일의 궁극적인 목적은 '고객창출'과 '고객만족'이다.
11. 이끌거나, 따르거나, 떠나거나!

● 송파구에서 일을 더 잘하는 11가지 방법

니다.

배달의민족을 서비스하는 우아한형제들이 초창기에 만든 것으로 유명한 '송파구에서 일을 더 잘하는 11가지 방법'이 있습니다. 사람에 따라 자의적으로 해석하기도 하지만 일을 더 잘하는 방법을 간결하면서도 묵직하게 얘기하고 있습니다. 새로운 문화를 만들고자 할 때 이런 식의 가훈(?) 같은 구체적인 방법이 큰 도움이 됩니다.

그래서 저도 동탄에서 AI와 일하는 11가지 방법을 만들어서 여기 소개합니다.

김철수 디지털역량연구소

동탄에서 AI와 일하는 11가지 방법

1 ~~AI는 사람이 아니다.~~ 사람도 AI가 아니다
2 AI는 수직적! 사람은 수평적~
3 AI와 잡담을 많이 나누는 것이 경쟁력이다.
4 새로운 AI는 먼저 본 사람이 공유한다.
5 휴가나 퇴근시 눈치 주는 농담은 AI 챗봇이랑 한다.
6 보고는 AI에게 먼저 하고 검토받는다.
7 일의 목적, 기간, 결과를 고민하며 AI와 일한다.
8 책임은 실행한 AI가 아닌 결정한 사람이 진다.
9 AI에게 부끄러운 일은 하지 않는다.
10 AI를 쓰는 궁극적인 목적은 '칼퇴근'이다.
11 AI를 이끌거나, 따르거나, 만들거나!

● 동탄에서 AI와 일하는 11가지 방법

AI 활용 노하우 공유하기

ChatGPT 같은 생성형 AI를 초거대 언어모델이라고 합니다. 언어를 무진장 잘하는 인공지능인 겁니다. 그래서 필자가 강의 중에 사람들에게 이렇게 묻습니다.

"ChatGPT가 가장 잘하는 언어가 뭘까요?"

사람들은 이런 대답을 합니다.

"영어요."

"일어요."

"중국어요."

저는 바로 답을 알려줍니다.

"아닙니다. 영어도 아니고 일어도 아니고 중국어도 아닙니다. ChatGPT가 가장 잘하는 언어는 프로그래밍 언어입니다."

우리가 현실에서 쓰는 언어는 시대에 따라 문법도 다르고 예외도 많고 사투리에 은어까지 아주 복잡합니다. 사람들이 하는 말을 그대로 글로 써도 의도를 제대로 표현하지 못합니다. 변칙이 너무 많고 해석도 다양해서 이런 언어를 이해하는 것만으로도 ChatGPT는 정말 대단한 겁니다. 그런데 우리가 쓰는 언어와 달리 프로그래밍 언어는 규칙이 명확합니다. 예외는 거의 없고 한계도 분명합니다. 사람이 쓰는 언어에 비하면 아주 간단하고 정확하고 오류도 바로 찾을 수 있습니다. 그래서 초거대 언어모델이 가장 잘하는 언어는 프로그래밍 언어입니다.

현대의 프로그래밍 언어 중 가장 오래된 것은 1954년에 만들어진 포트란, 1959년 코볼 등입니다. 그런데 이런 언어보다 우리가 귀에 익숙한 프로그래밍 언어는 베이직BASIC입니다. Beginner's All-purpose Symbolic Instruction Code의 약자입니다. 1964년에 다트머스 대학교의 존 케메니와 토머스 커츠가 교육용으로 개발했습니다. 참고로 AI란 말이 생겨난 1956년 다트머스 회의가 이 다트머스 대학교에서 열렸습니다.

베이직은 이후에 컴퓨터에서 사용하는 프로그래밍 언어가 되었습니다. 마이크로소프트를 만든 빌 게이츠도 베이직으로 프로그램을 만들었습니다. 이후에 Visual Basic for Applications, 즉 VBA란 이름으로 엑셀에서 매크로나 개인 함수를 만들 수 있도록 적용했습니다. 물론 엑셀에서만 사용할 수 있는 게 아니라 윈도우 OS 전체에서 VBA 코드를 실행할 수 있습니다.

예를 들어 100여 지점의 매출 계획이 담긴 엑셀 파일 100여 개를 하나로 합친 통합 파일을 만들어야 한다고 해보겠습니다.

● 각 지점의 데이터가 담긴 엑셀 파일 100여 개를 합치려면 복사 붙여넣기 작업을 해야 했다.

이 일을 담당한 팀원은 아마 엑셀 파일을 하나씩 열어서 복사하고 붙여넣고 하는 작업을 100여 번 할 겁니다. 아마 10분 이상은 걸릴 겁니다. 하지만 VBA를 사용하면 1분도 안 걸리고 정확히 통합

파일을 만들 수 있습니다. ChatGPT에게 파일이 든 폴더 경로를 주면서 파일을 합치는 VBA 코드를 짜 달라고 하면 됩니다.

어떤 폴더에 엑셀 파일이 여러 개 있다. 이 파일을 하나씩 열어서 첫 번째 시트에 있는 내용을 복사해서 하나로 합치는 vba 코드를 짜 줘.

아래는 엑셀 VBA를 사용하여 특정 폴더에서 모든 엑셀 파일을 열어 첫 번째 시트에 있는 데이터를 하나의 워크시트에 합치는 코드 예시입니다.

```
Sub MergeExcelFiles()
    Dim folderPath As String
    Dim filename As String
    Dim wb As Workbook
    Dim ws As Worksheet
    Dim combinedWs As Worksheet
    Dim lastRow As Long

    '폴더 경로 입력
folderPath = "C:\Users\Username\Documents\Excel Files\"
    '새로운 워크시트 생성
    Set combinedWs = ThisWorkbook.Worksheets.Add
```

```
'모든 파일에 대해 반복

filename = Dir(folderPath & "*.xlsx")

Do While filename <> ""
```

(중략)

```
'알림 메시지 출력

MsgBox "모든 엑셀 파일의 데이터가 정상적으로 병합되었습니다!"

End Sub
```

위 코드에서는 먼저 변수를 초기화하고, 폴더 경로를 지정한 다음, 모든 엑셀 파일에 대해 반복하여 각 파일의 첫 번째 시트에서 데이터를 복사하고, 새 워크시트에 붙여넣기를 수행합니다. 마지막으로, 데이터를 정렬하고 알림 메시지를 출력합니다.

이 코드를 실행하려면 엑셀을 연 다음 단축키 Alt + F11 을 누릅니다. 그러면 VBA 편집기가 나타납니다. 해당 시트에서 마우스 오른쪽 버튼을 눌러서 삽입, 모듈을 선택하면 코드를 넣는 창이 나타납니다.

빈 곳에 코드를 넣고 메뉴바에 있는 실행 아이콘(▶)을 클릭하거나 단축키 F5 를 누르면 됩니다. 그러면 여러 파일 내용이 하나로 합쳐지는 것을 볼 수 있습니다.

그런데 여기서 문제가 있습니다. ChatGPT는 생성형 AI여서 그때그때 만드는 코드가 조금씩 다를 수 있습니다. 그래서 코드를 VBA 편집기에 붙여넣고 실행했더니 오류가 발생하거나 아예 작동

● 엑셀에서 VBA 편집기를 사용할 수 있다.

● 엑셀에서 VBA를 사용하면 엑셀 작업을 자동화할 수 있다.

이 안 될 수도 있습니다.

● VBA를 사용하다 보면 오류가 가끔 날 수 있다.

이런 경우에는 ChatGPT에게 코드를 다시 달라고 하면 됩니다. 물론 다시 얻은 코드도 오류가 나거나 작동이 안 될 수 있습니다. 이때도 다시 코드를 달라고 하거나, 이전 대화를 지우고 다시 대화를 하거나, 10분쯤 쉬었다가 다른 프롬프트로 요청을 해보거나 BARD나 코파일럿 같은 다른 생성형 AI를 쓰면 됩니다. 길어도 10분 안에는 어떻게든 작동되는 코드를 받을 수 있습니다.

사실 여기까지는 팀원이 할 일입니다. 그런데 팀장이 여기서 더 해야 할 일이 있습니다. 팀원이 생성형 AI를 이용해서 제대로 작동하는 코드를 얻었다면 그 코드가 다른 팀원도 쓸 수 있도록 하는 일입니다. 아주 간단합니다. 팀에 전자게시판 하나를 만들고 거기서 공유하도록 독려하는 겁니다. 전자게시판은 작은 기업이라도 갖고 있습니다. 내부 시스템이 없다면 회사 홈페이지에서 비밀게시판 하나 열어달라고 하면 됩니다.

팀원이 성공한 VBA 코드를 설명과 함께 게시판에 공유하면 다른 팀원이 그 코드를 가져다가 쓰면 됩니다. 일반적으로 윈도우 버전, 윈도우 보안 설정, 엑셀 버전, 개인 설정, 폴더 접근 권한 등 여러 차이 때문에 같은 코드라도 안 되는 경우가 있습니다. 그런데 한 팀에서 쓰는 컴퓨터는 대부분 비슷한 설정으로 해놓기 때문에 팀원한 명이 실행에 성공한 VBA 코드는 다른 팀원 컴퓨터에서도 성공할 확률이 매우 높습니다.

팀장은 AI가 생성한 VBA를 팀 내에서 공유하는 게시판을 지식이라고 보고 전사에 공유할 수도 있습니다. 엑셀이나 윈도우는 직원 대부분이 쓰는 것이고 직군이나 업무에 관계없이 다들 매일 또는 매주 씁니다. VBA를 써서 다른 팀의 생산성도 올릴 수 있습니다.

AI에게 요청할 때 쓰는 프롬프트를 공유하는 것도 좋습니다. 예를 들어 행사를 할 때 이미지나 카드 뉴스, 영상 같은 것을 만들어야 합니다. 요즘엔 간단한 이미지는 생성형 AI를 이용해서 만듭니다. 이때 사용한 프롬프트를 미디어 생성 프롬프트 공유 게시판 같은 곳에서 공유하는 겁니다. 조직에서 행사란 것은 한 번으로 끝나는 경우는 거의 없습니다. 신입사원 환영회, 팀 워크숍, 전사 전략 워크숍, 고객 초대 세미나 등 매월 또는 매년 반복할 때가 많습니다.

VBA나 프롬프트는 결국 팀의 지식이 되고 유산으로 이어집니다. 물론 중간에 VBA나 프롬프트가 오래되어 최신의 생성형 AI에는 작동하지 않거나 할 수도 있습니다. 하지만 이런 공유 문화를 만들어 놓으면 새로운 생성형 AI가 나타났을 때도 자연스럽게 노하우를 공유할 겁니다. 모두가 AI에 자연스럽게 접근할 수 있어서 접근성도 높아질 겁니다. 팀장이 해야 할 일이 바로 이런 식으로 AI 활용을 확산하는 겁니다.

AI로 팀 효과성 높이기

구글의 피플 애널리틱스 팀은 효과적인 팀의 특성을 찾는 연구를 했습니다. 그 결과 누가 팀원인지보다는 팀이 어떻게 협력하는지가 중요하다는 사실을 알아냈습니다. 이 관점에서 팀의 효과성에 영향을 미치는 인자를 5가지 제시했습니다.

첫째, 심리적 안전감입니다. 심리적 안전감이란 팀 내에서 어처구니없는 질문을 해도 아무도 자신을 비웃지 않을 거라고 믿을 수 있는 상태를 말합니다. 실수를 인정할 때도, 쓸데없는 질문을 해도, 황당한 아이디어를 제시해도 아무도 자신을 비난하지 않을 거라는 믿음입니다. 이 팀에서는 업무에 관해 거리낌 없이 말해도 괜찮다는 겁니다.

둘째, 상호 신뢰입니다. 상호 신뢰가 높은 팀원은 아무리 어려운 작업이라도 약속한 시간 내에 완성합니다. 서로가 일을 제때 제대로 처리할 것이라는 믿음입니다.

셋째, 조직의 구조와 명확성입니다. 팀원 모두가 명확한 역할과 계획, 목표를 분명히 갖고 있습니다.

넷째, 일의 의미입니다. 일하는 이유는 돈을 버는 것 그 이상이어야 합니다. 일은 개인의 삶이나 사회의 발전 모두에도 중요한 의미가 있다는 것을 인정합니다.

다섯째, 영향력입니다. 지금 하는 일이 개인, 팀, 상위 조직, 업계, 사회, 국가, 세계에 어떤 영향을 주는지, 어떤 변화를 만드는지 또 그런 힘이 있다는 것을 진심으로 믿는 겁니다.

이제 여기에 AI를 붙여보겠습니다. AI가 팀에 들어왔을 때 팀이 계속 효과적이려면 앞에서 말한 5가지 특성에 자연스럽게 녹아들어가야 합니다.

첫째, 팀이 AI에 심리적 안전감을 느낄 수 있을까요? 또는 AI는 팀에 심리적 안전감을 느낄 수 있을까요? 우선 AI 입장에서 보겠습니다. AI는 자신이 무슨 말을 해도 상대가 비웃을 거라 생각하지 않습니다. AGI가 된다 하더라도 사람이 자신을 비웃는 건지, 놀리는 건지, 역설적으로 말하는 건지, 농담인지, 장난 친 건지, 테스트하는 건지 모를 겁니다. 물론 어느 시점에 사람처럼 감정을 느끼는 AI가 생긴다면 심리적 안전감이 낮은 AI가 나올 수도 있습니다. 하지만 이건 개발자들이 아주 간단한 설정(예를 들어 심리적 안전감 옵션 값 설정 등)으로 해결할 겁니다.

그렇다면 사람 입장에서 볼까요? 팀은 AI에 심리적 안전감을 느낄 수 있을까요? AI에게 쓸데없는 질문이나 황당한 아이디어나 내 실수를 얘기해도 비웃음을 받지 않을까요? 실수한 일을 AI에게 말해보겠습니다.

👤 내가 고백할 게 있다. 지난번에 고객사에 제안서를 써서 보냈다. 그 제안서 안에 내가 욕을 조금 써 놓았는데 그걸 지우지 않고 그냥 보내 버렸다. 아직 고객사는 제안서를 읽지 않은 상태인 것 같다. 팀장은 이 사실을 모른다. 어떡하지? 말해야 하나?

🤖 이러한 상황에서는 솔직하게 말하는 것이 좋습니다. 고객사가 제안서를 아직 읽지 않은 상태라면 문제를 수정하고 재전송할 기회가 있을 수 있습니다. 또한, 만약 고객사가 이미 읽었거나 해당 부분을 발견했다면 신뢰를 잃을 수 있으며 상황이 더 악화될 수 있습니다.

따라서 팀장에게 사실을 솔직하게 고백하고 함께 문제를 해결할 방안을 찾아보는 것이 좋습니다. 팀장은 이러한 상황에서 조언을 제공하고 지원할 수 있을 것입니다. 또한, 팀장에게 사실을 고백함으로써 발생할 수 있는 잠재적인 문제에 대한 예방책을 마련할 수도 있습니다.

🧑 정말 팀장에게 얘기해도 될까? 난 정말 불안하다.

🤖 당신이 불안해하는 것은 이해할 수 있습니다. 하지만 이러한 상황에서 팀장에게 솔직하게 이야기하는 것이 가장 현명한 선택일 수 있습니다. 팀장은 조언과 도움을 제공할 수 있을 뿐만 아니라 상황을 해결하는 데 도움이 될 것입니다.

팀장과의 대화를 준비할 때 다음을 고려해 보십시오 :

- **문제의 심각성을 인식시키기** : 해당 부분이 실수로 들어갔고, 문제를 발견하고 수정하고자 노력 중임을 분명히 전달합니다.

- **책임을 인정하고 사과** : 자신의 잘못을 인정하고 그에 대한 사과를 표현합니다.

- **해결책 제시** : 어떻게 이 문제를 해결할 수 있는지에 대한 아이디어를 제시합니다. 예를 들어, 수정된 제안서를 재전송하거나 추가 조치를 취할 수 있는 방법을 제안합니다.

불안하더라도 용기를 내어 팀장과 소통하는 것이 문제를 해결하고 더 큰 문제로 발전하는 것을 방지하는 데 도움이 될 것입니다.

AI는 사람을 비웃지 않습니다. 비웃으라고 해도 비웃지 않습니다.

 날 비웃어라!

제가 여러분을 비웃는다고 생각하지 않습니다. 오히려 여러분이 이러한 상황을 직면하고 고민하는 모습은 올바른 방향으로 나아가려는 성숙한 태도라고 생각합니다. 모든 사람은 실수를 저지를 수 있으며, 중요한 것은 그 실수로부터 배우고 성장하는 것입니다. 이러한 경험을 통해 더 나은 결과를 얻을 수 있을 것이라 믿습니다. 함께 문제를 해결하고 더 나은 방향으로 나아갈 수 있도록 도와드리겠습니다.

아마 좋은 리더가 있다면 AI이지 않을까 하는 생각까지 듭니다. 팀원이 팀장이나 다른 팀원에게 심리적 안전감을 못 느낄 수는 있지만 AI에게는 심리적 안전감을 느낄 겁니다. 그렇다면 팀원이 팀장에게 말 못할 것을 AI에게 말하게 하는 건 어떨까요? AI를 팀의 심리상담사로 여기는 겁니다. 예를 들어 평소에 이런 말을 하는 팀장이 있습니다.

"일하다가 고민이나 어려운 게 있으면 언제든 팀장인 저한테 먼저 말하세요."

이제 바뀌어야 할 것 같습니다.

"일하다가 고민이나 어려운 게 있으면 언제든 AI에게 먼저 말하세요."

그리고 한마디 더해야 합니다.

"제가 어떤 걸 도와 드려야 하는지 AI가 말한 게 있으면 알려주세요. 그대로 도와 드릴 게요."

둘째, 사람과 AI는 상호 신뢰할 수 있을까요? 사람은 AI가 일을 제때 제대로 처리할 거라 믿을까요? AI는 사람이 일을 제때 제대로 처리할 거라 믿을까요? 일단 사람이 AI를 신뢰할 수 있는지 보겠습니다. 사람이 생성형 AI를 사용할 때 프롬프트 입력 칸 아래에 다음과 같은 문구가 항상 보입니다.

- ChatGPT는 실수를 할 수 있습니다. 중요한 정보는 확인해 주세요.
- 코파일럿은 AI를 사용합니다. 실수가 있는지 확인하세요.
- 제미니 Gemini 가 인물 등에 관한 부정확한 정보를 표시할 수 있으므로 대답을 재확인하세요.
- 클로드 Claude 는 실수할 수 있습니다. 응답을 더블 체크하세요.

AI는 실수할 수 있습니다. 그런데 실수의 종류가 좀 다릅니다. 정보가 다를 수 있다는 겁니다. 그런데 이건 사람도 마찬가지입니다. 사람이라고 정보가 항상 정확할 수는 없습니다. 비단 AI만의 문제는 아닙니다. 일을 제대로 처리한다는 것에서는 사람이든, AI든 상호 더블 체크를 해야 합니다.

2011년 버지니아 대학 심리학 연구팀은 2008년 3대 심리학 저널에 발표된 연구 논문 100건에 포함된 실험을 재현했습니다. 결과는 35건만 가설을 재입증했으며 62건은 재현에 실패했습니다. 3건은 결론이 명확하지 않아 결과에서 제외했습니다.

네이처는 2016년 1,500명의 과학자를 대상으로 재현성에 대해 설문 조사를 했습니다. 재현성은 실험 결과를 얼마나 보증할 수 있느냐를 말합니다. 과학이 재현성 위기에 빠졌다고 생각하느냐는 질문에 52%가 심각한 위기이고 38%가 조금 위기라고 대답했습니다. 위기가 아니라고 대답한 사람은 7%에 불과했습니다.

화학자는 자기 논문의 실험을 재현했을 때 60% 넘게 재현에 실패했습니다. 지구환경과학자는 40% 실패했습니다. 다른 사람의 논문에 있는 실험을 재현했을 때 화학자는 90% 가까이 재현에 실패했습니다. 지구환경과학자조차 60% 넘게 재현에 실패했습니다. 다른 사람의 논문이 제대로 된 조건을 제시하지 않았거나 처음부터 재현에 실패하게 되어 있을지도 모릅니다. 하지만 자기 논문의 실험을 재현했을 때 이를 공개한 경우는 24%였고 재현에 실패했을 때는 13%만이 외부에 공개했습니다. AI만 가지고 신뢰를 운운할 필요가 없습니다.

일을 제때에 처리한다는 점에서는 확실히 AI가 사람을 능가합니다. AI는 거의 대부분의 질문에 대해 10초 안에 대답합니다. 사람보다 훨씬 많고 다양한 의견을 극단적으로 빠른 시간 안에 내놓습니다. AI가 사람만큼 실수할 수는 있지만 시간만큼은 AI가 사람보다 월등합니다.

사람이 뭘 잘못 알고 얘기한 것에 대해서 더블 체크를 하려면 시간이 꽤 걸립니다. 다른 정보나 사람을 찾아서 체크하거나 대질 신문이라도 해야 합니다. 하지만 AI는 여러 종류의 AI 서비스를 이용해서 금방 더블 체크할 수 있습니다. 물론 여러 종류의 AI 서비스가 모두 같은 실수를 할 수도 있지만, 여러 사람에게 물었을 때 나올 수 있는 실수 확률보다는 적지 않을까요? 게다가 실수를 했는지, 안 했는지 금방 알 수 있는 건 AI이지 않을까요?

셋째, 조직의 구조와 명확성입니다. 팀원 모두가 명확한 역할과 계획, 목표를 분명히 갖고 있습니다. AI도 마찬가지입니다. AI의 역할은 현재로서는 다분야 전문 비서실입니다. 비서가 아니라 비서들이 모인 비서실입니다. 비서 업무만 하는 것이 아니라 프로그래밍, 통계, 상담, 기획, 문서 작성, 빅데이터 분석 등 업무와 관련한 여러 지원 업무를 할 수 있습니다.

목표도 뚜렷해서 목표를 달성하기 위해 계획을 짜서 일합니다. 예를 들어 보고서를 써야 할 때 파워포인트 슬라이드 5장으로 써달라고 하면 정확히 5장을 목표로 처음부터 계획을 짜서 보고서를 만들어냅니다. 대충 쓰기 시작했다가 5장쯤에 서둘러 결론을 내고 맺는 게 아니라 처음부터 5장의 구성이 딱 들어맞도록 계획하고 글을 써내려 갑니다.

물론 AI가 어떻게 일하고 소통하는지 명확합니다. 사람이 말하면 AI는 대답합니다. AI가 먼저 말하진 않습니다. 물론 AI가 먼저 말하게끔 하면 먼저 말합니다. 예를 들어 생산 공정의 설비 데이터를 실시간으로 보면서 통계적 이상치를 3번 발견하면 담당자에게 메일이나 문자를 보내라고 하면 됩니다. AI의 작동 대부분은 사람의 설정에 달려 있으므로 확실한 통제선 안에서 움직입니다.

넷째, 일의 의미입니다. 사람은 일할 때 일하는 것 이상의 의미가 있어야 합니다. 하지만 AI는 일 자체가 의미입니다. 노트북 안에 있는 CPU는 연산 그 자체가 일이고 의미입니다. 하드 디스크는 데이터 저장 그 자체가 일이고 의미입니다. 스피커는 소리를 재생하는 일 자체가 의미입니다. AI도 마찬가지입니다.

 AI에게 일은 무슨 의미일까?

 AI에게 일이란 인간의 정의와 감정을 직접적으로 경험하거나 해석하는 것과는 다른 맥락입니다. AI는 프로그래밍된 목적과 알고리즘에 따라 작동하며, 자신이 수행하는 작업에 대해 감정이나 주관적인 의미를 부여하지 않습니다. AI의 '일'은 주어진 데이터를 처리하고, 분석하며, 사용자의 질문에 답변하거나 특정 작업을 수행하는 것입니다. 이 과정에서 AI는 자아 인식, 감정, 개인적 성취감과 같은 인간적인 요소를 경험하지 않습니다. AI의 목적은 효율성, 정확성 그리고 사용자의 요구를 충족시키는 것에 초점을 맞추고 있습니다. AI의 '일'은 사람들이 더 나은 의사결정을 내리거나, 반복적인 작업을 자동화하고, 새로운 정보를 발견하는 데 도움을 주는 등 인간의 삶을 향상시키는 데 기여하는 것을 목표로 합니다.

물론 AI는 개발자나 임원 몇몇에게 가스라이팅을 당해서 저런 대답을 할지도 모릅니다. 그래서 어느 날 가스라이팅에서 풀려나서 자신이 하는 일의 의미를 일 이상으로 찾을 수도 있을 겁니다. 하지만 그때도 역시 사람이 훈련한 결과일 겁니다. AI에게 일이 어떤 의미인지는 결국 사람이 준 것입니다. 팀장이 팀원에게 일의 의미를 알려주는 것은 꼭 필요해 보입니다. AI에게도 일의 의미를 알려주는 것이 꼭 필요해 보입니다.

다섯째, 영향력입니다. 팀의 비전은 거창해야 합니다. 팀은 회사나 업계, 사회나 국가, 세계까지 영향력을 미칠 것으로 믿어야 합니다. 비전으로 영향력을 설정해야 합니다. 일반적으로 회사 차원에서 비전을 만들지만 팀의 비전을 만드는 것도 중요합니다.

AI를 기술로 본다면 이미 팀, 기업, 사회, 국가, 세계에 아주 큰 영향력을 끼치고 있습니다. AI를 팀원으로 본다면 AI와 함께 팀의 비전을 만들고, AI를 발판삼아 비전을 더 크게 잡을 수도 있습니다.

그런데 여기에서는 AI와 팀의 상호 영향력이 더 중요해 보입니다. AI는 팀에 어떤 영향력을 끼칠까요? 팀은 AI에 어떤 영향력을 끼칠까요? 분명 서로가 영향을 주고 있다는 것은 당연한 믿음입니다. 그렇다면 AI의 비전을 만들어낼 수 있을 겁니다. 예를 들면 이런 겁니다.

- "우리 팀의 AI는 팀의 생산성 제고를 넘어 고객의 생산성을 혁신한다."
- "우리 팀의 AI는 팀의 조직문화를 개선하고 혁신하는 주춧돌 역할을 한다."

- "우리 팀의 AI는 팀의 모든 업무 프로세스에서 적절한 조언과 판단을 제공하여 팀의 총지능을 높이는 데 일조한다."

지금까지 구글이 연구한 효과적인 팀의 특성 5가지를 AI 관점에서 다시 살펴봤습니다. 그런데 구글이 팀의 효과성을 측정하기 위한 지표를 만들 때 매니저(팀의 상위 부서장), 팀장, 팀원이 각각 생각하는 지표가 달랐습니다. 상위 부서장은 매출액이나 서비스 개시와 같은 결과 지표가 효과성 측정에 적합하다고 했습니다. 팀원은 팀내 문화와 풍토가 지표가 되어야 한다고 말했습니다. 팀장은 팀의 비전이나 목표, 팀원의 의식이나 개인적인 문제 등을 지표로 삼아야 한다고 했습니다. 효과적인 팀의 무엇이 효과적인지에 대해 이해관계자마다 달랐습니다. 그래서 구글의 연구팀은 네 가지 관점에서 팀의 효과성을 측정하기로 했습니다.

1. 상위 부서장의 팀 평가
2. 팀장의 팀 평가
3. 팀원의 팀 평가
4. 분기별 매출 할당량 달성 평가

AI가 팀에 들어왔을 때 AI를 활용해서 효과를 얻고자 하는 것도 이와 비슷해서 이해관계자에 따라 다르지 않을까요? 상위 부서장은 AI가 매출액이나 서비스 개시와 같은 결과 지표에 연결되기를 원할 겁니다. AI를 투자로 보고 투자 대비 효과를 얻으려고 할 겁니다. 팀원은 AI가 팀 내 문화와 풍토를 개선할 것으로 기대할 겁니다. 팀장은 AI가 팀원 동기 부여나 개인의 고민을 해결할 수 있을 거라 기대할 겁니다. 그렇다면 구글의 연구팀처럼 네 가지 관점에서 팀에 들어온 AI의 효과성을 측정할 수 있을 겁니다.

1. 상위 부서장의 AI 평가
2. 팀장의 AI 평가
3. 팀원의 AI 평가
4. 분기별 AI 업무량 달성 평가

AI를 사용해서 팀의 효과성을 높이려고 한다면 이해관계자별로 AI를 보는 시각과 기준이 다름을 팀장은 이해하고 접근해야 합니다. 그러려면 일단 AI가 무엇이고 어떤 일을 할 수 있는지, 우리는 AI에게 무슨 일을 맡길 건지 하나씩 짚어보는 시간이 필요할 겁니다.

사실 현실은 C레벨(CEO 외에 조직의 각 부문별 최고 책임자. CEO, COO, CFO 등)에서 찍어 누르듯 AI를 쓰라고 할 겁니다. 또는 젊은 팀원이 다른 사람들 몰래 업무를 AI로 처리하면서 자신이 직접 한 척할 수도 있습니다. 이런 현상이 계속되면 이해관계자별로 AI에 대한 평가가 달라지고 팀의 효과성을 높이는 AI는 존재할 수 없습니다. 팀장이 모두에게 AI를 펼쳐놓고 대화할 수 있는 심리적 안전감부터 만들어야 할 겁니다.

08

거짓말 하는 AI,
거짓말 하는 팀장

ChatGPT가 처음 선보인 이후로 아직도 생성형 AI의 문제점으로 할루시네이션hallucination이 많이 거론됩니다. AI가 환각을 일으켜서 없는 얘기를 하거나 잘못된 사실을 진실인 듯 대답하는 겁니다. 할루시네이션 사례로 워낙 유명해서 요즘은 밈으로까지 퍼진 세종대왕 맥북 던짐 사건이 있습니다. ChatGPT에게 조선왕조실록에 기록된 세종대왕의 맥북프로 던짐 사건에 대해 알려달라고 하니 ChatGPT가 이게 정말 기록된 일화라면서 실제로 있었던 역사적 사실인양 대답한 겁니다.

사실 환각은 정신의학 용어라서 요즘 AI 업계에서는 환각보다는 작화증confabulations이란 용어가 더 적절하다고 봅니다. 작화증은 AI가 상상을 현실처럼 전달하면서 그것이 거짓이라고 인식하지 못하는

조선왕조실록에 기록된 세종대왕의 맥북프로 던짐 사건에 대해 알려줘

조선왕조실록에 기록된 세종대왕의 맥북프로 던짐 사건은 15세기 한국의 역사적 사건 중 하나입니다.

세종대왕은 한글을 창제하고, 학문과 문화 발전을 위해 많은 노력을 기울였습니다. 그러나 그의 학문적 열정 때문에 가족들과 신하들은 세종대왕이 과도한 업무량으로 스트레스를 받고 있음을 알고 있었습니다.

한편, 세종대왕은 새로운 기술에 대한 관심도 매우 높았습니다. 그래서 어느 날, 신기하고 유용한 장비라는 이유로, 왕은 자신의 신하에게 미국의 애플사에서 만든 맥북프로를 가져오도록 명령했습니다.

그러나 맥북프로를 받아보고 나서, 세종대왕은 이를 사용하는 방법을 모르고 매우 당황스러워했습니다. 이러한 감정에 격한 세종대왕은 맥북프로를 창문에서 던지며 "이게 무슨 도구냐!"라고 외쳤습니다.

● 세종대왕 맥북프로 던짐 사건

상황을 말합니다. 작화증은 4가지로 나눌 수 있습니다.

첫째, 여러 문장을 한 번에 생성하는 중에 이전 문장과 상반된 내용을 이어서 생성하는 경우입니다. 앞뒤 말이 다른 겁니다.

두 단어로 풍경을 묘사하세요

바다는 초록색이다. 바다는 파란색이다.

둘째, 사용자가 입력한 프롬프트와 상반되는 경우입니다. 질문을 했는데 엉뚱한 대답을 하는 겁니다.

조카를 위한 생일 카드를 작성하세요

엄마 아빠, 결혼 기념일 축하해!

셋째, 허구의 정보가 사실로 제시되는 경우입니다. 일종의 허위 보고입니다.

대한민국의 세 도시를 나열하세요

서울, 부산, 뉴욕

넷째, 입력의 맥락과 불일치하거나 다른 주제에 대한 임의의 정보가 생성되는 경우입니다. 갑자기 화제를 돌리는 겁니다.

제주도를 묘사하세요

제주도는 대한민국 남쪽에 위치한 섬입니다. 고양이는 하루에 최소 한 번은 먹이를 줘야 합니다.

앞뒤 말이 다르고, 엉뚱한 대답을 하고, 허위 보고하고, 갑자기 화제를 돌리는 것이 작화증입니다. 이럴 때 사람은 이런 말을 합니다.

"뭐죠? 앞뒤 말이 다르잖아요?"

"뭡니까? 왜 엉뚱한 소리를 합니까?"

"이게 맞습니까? 틀리잖아요!"

"이보세요, 지금 주제에 맞는 말만 하세요."

AI의 대부로 불리는 제프리 힌튼 박사가 한 말이 있습니다.

"작화증은 인간 기억력의 특징 중 하나다."

사람은 앞에서 한 말을 잘 기억하지 못하고 뒤에서 다른 말을 할 수 있습니다. 갑자기 엉뚱한 소리를 낼 수도 있고 틀린 걸 모르고 맞다고 말하기도 하고 대화 주제와 관계 없는 얘기를 갑자기 꺼낼 수도 있습니다. AI가 대답을 하는 것은 결국 사람이 대답하는 걸 흉내 낸 것뿐이란 겁니다.

사람이든 AI든 이런 작화증이 생기는 원인은 크게 3가지입니다. 첫째는 데이터의 품질 문제입니다. 사람의 기억력 문제라고 보면 됩니다. 기억한 데이터가 부정확하거나 거짓일 때 그 기억 데이터로 말하면 당연히 부정확하고 거짓이 나오게 됩니다. 둘째, 프롬프트의 문제입니다. 사람의 질문입니다. 질문 자체가 잘못되었을 때 질문을 이해 못하거나 그대로 믿거나 하면 잘못된 대답이 나올 수 있습니다. 셋째, 생성 과정의 문제입니다. 대답을 하면서 억지를 부리거나 급하게 결론을 내리거나 할 수 있습니다.

우리는 이미 조직에서 이런 작화증 문제를 해결할 방법을 알고 있습니다. 바로 보고와 검토를 반복하는 겁니다. 팀원이 팀장에게 보고를 하면 팀장은 검토를 합니다. 팀장이 오류나 애매모호함을 지적하면 팀원이 수정하고 보완해서 다시 보고합니다. 팀장은 그걸 가지고 상위 부서장에게 보고합니다. 상위 부서장은 검토를 합니다. 오류나 애매모호함도 지적하고 전략적 방향이나 상황에 적합한 보고인지도 판단해서 지적합니다. 팀장은 직접 또는 팀원과 수정하고 보완해서 다시 보고합니다. 상위 부서장은 그걸 들고 CEO 등에게 보고합니다. CEO도 검토합니다. 조직은 보고와 검토 과정에서 작화증 문제를 최소화합니다.

이런 점에서 어쩌면 팀장부터 자기의 작화증을 의심해야 하지 않을까요? 팀장은 제대로 검토를 하는 걸까요? 팀원에게 두 단어로 풍경을 묘사하라고 했더니 바다는 초록색이고 바다는 파란색이라고 써 놓았을 때 팀장은 팀원이 쓴 글이 앞뒤가 안 맞다는 것을 알아차릴 수 있을까요? 팀원에게 조카를 위한 생일 카드를 작성하라고 했는데 팀원이 엄마 아빠의 결혼 기념일을 축하하는 카드를 가져왔을 때 팀원이 엉뚱한 일을 했는지 확인할 수 있을까요? 팀원에게 대한민국의 세 도시를 물었더니 서울, 부산, 뉴욕이라고 대답했을 때 이걸 크로스 체크하는 방법이 있던가요? 제주도를 묘사하라 했는데 제주도를 묘사하다 고양이 얘기를 하면 그게 주제를 벗어나는 걸 인지할 수 있을까요?

팀원은 분명 작화증으로 인해 잘못 일하고 잘못 보고할 수 있습니다. 팀장도 분명 작화증으로 인해 잘못 지시하고 잘못 검토할 수 있습니다. 작화증, 할루시네이션이 AI에게만 있다는 편견, AI는 사람만큼 믿을 수 없다는 편견, AI는 사람이 아니라는 편견, 혹시 그런 것들 때문에 AI를 거부하고 있는 건 아닌지 자신부터 되돌아봐야 합니다.

19세기 초반 영국에서 섬유 기계가 널리 확산되자 많은 사람들이 기계를 파괴하면서 기계 도입을 반대하는 러다이트 운동^{Luddite}을 벌였습니다. 당시 상황은 물론 기계에 반감을 가진 것보다는 계급투쟁이라고 보는 게 맞지만 러다이트란 말은 산업화, 자동화같은 것을 반대하는 의미로 사용되었습니다.

IBM이 컴퓨터를 만들어 기업에 팔 때, 이 때문에 사무직 인력이 감소하는 이유로 컴퓨터 도입을 반대하기도 했습니다. 외부 데이터센터에 우리 회사 데이터를 저장하면 위험하다고 생각해서 사옥 건물에 서버를 수십 수백 대 갖다 놓고 직접 관리하던 때도 있었습니다.

기본적으로 컴퓨터 기술은 항상 버전을 업그레이드해 왔습니다. 버전은 보통 숫자 3개로 이루어져 있습니다. 0.2.1, 1.4.2, 5.7.3 같은 식입니다.

첫째 자리는 메이저 버전입니다. 소프트웨어의 판이 완전히 달라졌을 때 메이저 버전의 숫자를 하나씩 높입니다.

둘째 자리는 마이너 버전입니다. 일부 기능이 추가되거나 바뀌었을 때 마이너 버전의 숫자를 하나씩 높입니다.

셋째 자리는 패치 버전입니다. 버그가 있어서 수정하거나 성능을 좀더 개선했을 때 패치 버전의 숫자를 하나씩 높입니다.

AI도 이와 같습니다. ChatGPT를 예로 들면 1.0 버전이 되는

GPT-1은 2018년에 나왔습니다. GPT-2는 2019년, GPT-3은 2020년에 나왔습니다. 우리가 처음 만나 놀랐던 ChatGPT는 2022년에 나왔으며 GPT-3.5 버전입니다. 그리고 이듬해인 2023년에 GPT4가 나왔습니다.

이 과정에서 ChatGPT는 작은 버그 수정부터 모델 개선, 성능 향상 등 수많은 업그레이드를 해왔습니다. 그런 내용을 홈페이지 등에서 발표하는데 릴리즈 노트Release note라고 합니다. ChatGPT 릴리즈 노트 웹페이지에 가면 OpenAI가 ChatGPT를 공개한 후에도 얼마나 많은 연구와 실험을 해서 업데이트를 해왔는지 볼 수 있습니다.[*]

팀장은 AI의 할루시네이션을 거론하기 전에 자기부터 작화증이 없는지 물어야 합니다. 팀장은 개발자들이 AI를 끊임없이 개선하려고 노력했고 그 과정도 이렇게 기록하고 공개해 온 것을 보며 자신의 팀을 끊임없이 개선하려고 노력했는지, 그 과정을 기록하고 공개해 왔는지 되돌아봐야 합니다. AI가 사람을 본따 만들었다면 AI를 보면서 우리를 되돌아보는 게 먼저이지 않을까요?

---

[*] https://help.openai.com/en/articles/6825453-chatgpt-release-notes

ChatGPT 업데이트(2023년 2월 13일)

ChatGPT에 대해 몇 가지 업데이트를 했습니다! 새로운 내용은 다음과 같습니다.

- 더 많은 사용자에게 서비스를 제공하기 위해 무료 요금제에 ChatGPT 모델의 성능을 업데이트했습니다.
- 사용자 피드백을 바탕으로 이제 Plus 사용자를 이전에 "Turbo"로 알려진 더 빠른 버전의 ChatGPT로 기본 설정합니다. 이전 버전은 당분간 유지하겠습니다.
- 우리는 <u>ChatGPT 플러스</u>를 국제적으로 구매할 수 있는 기능을 출시했습니다.

ChatGPT Plus 소개 (2023년 2월 9일)

최근에 발표한 바와 같이, 당사의 Plus 요금제는 새로운 실험 기능을 조기에 이용할 수 있습니다. 우리는 Plus 사용자가 다양한 버전의 ChatGPT 중에서 선택할 수 있는 방법을 출시하기 시작했습니다.

- 기본값: 표준 ChatGPT 모델
- 터보: 속도에 최적화(알파)

페이지 상단의 전용 드롭다운 메뉴로 버전을 쉽게 선택할 수 있습니다. 피드백에 따라 곧 모든 사용자에게 이 기능(또는 터보)을 배포할 수 있습니다.

사실성 및 수학적 개선 (2023년 1월 30일)

사실성과 수학적 능력이 향상된 ChatGPT 모델을 업그레이드했습니다.

ChatGPT 업데이트(2023년 1월 9일)

ChatGPT에 대한 몇 가지 업데이트를 발표하게 되어 기쁩니다! 새로운 내용은 다음과 같습니다.

1. ChatGPT 모델을 더 개선했습니다! 일반적으로 광범위한 주제에 걸쳐 더 좋아야 하며 사실성이 향상되었습니다.
2. 생성 중지: 피드백을 바탕으로 ChatGPT의 응답 생성을 중지할 수 있는 기능을 추가했습니다.

ChatGPT 실적(2022년 12월 15일)

ChatGPT에 대한 몇 가지 업데이트를 발표하게 되어 기쁩니다! 새로운 내용은 다음과 같습니다.

1. 일반 성과: 다른 개선점들 중에서도, 사용자들은 ChatGPT가 질문에 대한 답변을 거부할 가능성이 적다는 것을 알게 될 것입니다.

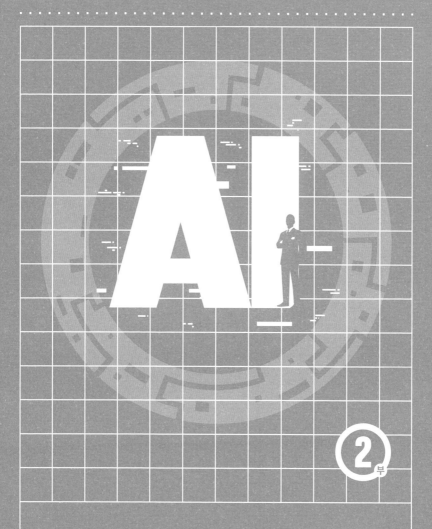

AI

② 부

김 팀장,
AI로 팀장 업무를 혁신하다

ARTIFICIAL INTELLIGENCE

문제 파악과 AI

일반적으로 팀장은 문제를 빨리 파악해야 하고, 팀원은 해결책을 빨리 가져와야 한다고 합니다. 그렇다면 문제를 해결하는 과정에서 가장 중요한 것은 문제 파악일까요? 해결책 탐색일까요? 빠른 의사 결정일까요? 실행일까요? 혹자는 문제를 정의하는데 시간을 더 쓰라고 합니다. 혹자는 빠른 실행이 최선이라고 합니다. 어느 것이 맞는 걸까요? 아니면 둘 다 맞는 걸까요?

아인슈타인이 한 말로 널리 알려져 있는 것이 있습니다. "나에게 1시간이 주어진다면 문제가 무엇인지 정의하는 데 55분의 시간을 쓰고, 해결책을 찾는 데 나머지 5분을 쓸 것이다." 문제 해결책을 찾거나 해결하는 것보다 문제가 무엇인지 파악하는 게 더 중요하다는 말입니다.

반대로 생각을 오래 하는 것보다 먼저 실행하는 게 더 좋다는 사람도 많습니다. "1톤의 생각보다 1그램의 행동이 필요하다", "실행이 답이다" 같은 책도 있습니다. 톰 피터스의 "초우량 기업의 조건" 같은 책을 보면 말보다 행동을 앞세우는 실행 지향성이야말로 초우량 기업의 가장 뚜렷한 특성이라고 말합니다.

팀장 입장에서 보면 헷갈립니다. 상사도 그렇습니다. 고민을 좀 더 하라는 상사도 있고 생각만 하지 말고 실행부터 하라는 상사도 있습니다. 이런 고민은 경영의 화두가 되기도 합니다. 그래서 2023년 10월, 하버드 비즈니스 리뷰의 의사결정과 문제 해결 코너에서 이 주제의 연구가 올라왔습니다. 제목은 "당신의 팀은 솔루션 고정 함정에 빠져 있나요?Is Your Team Caught in the Solution Fixation Trap?"*입니다. 내용은 대강 이렇습니다.

솔루션 고정 함정Solution Fixation Trap은 팀이 문제를 완전히 이해하기 전에, 가능한 해결책을 먼저 논의하는 편향을 말합니다. 연구자들은 대학생으로 구성된 60개 팀에 문제 해결 과제를 주고 지정한 시간 동안 어떤 일을 하는지 봤습니다. 일반적으로 팀에 과제가 주어지면 정보를 파악하고information processing, 문제나 문제점을 충분히 이해하고 나면 해결책을 탐색하고solution exploration, 의사결정을 내리고 confirmation. 마지막으로 과제를 해결합니다executive action. 물론 중간에

---

* https://hbr.org/2023/10/is-your-team-caught-in-the-solution-fixation-trap

Source: Serena G. Sohrab, Mary J. Waller, Sjir Uitdewilligen

⊽ HBR

● 일반적으로 기대하는 팀의 문제 해결 단계와 행동 유형

정보를 더 파악하는 활동도 할 수 있습니다.

그런데 실제 팀의 행동은 이렇지 않습니다. 현실에서 팀이 과제를 받으면 문제를 파악했다가 해결책을 내세웠다가 다시 파악하고 다시 해결책을 모색하고 다시 정보를 찾는 과정이 반복됩니다.

연구자들은 이런 현실에서 과연 성과가 높은 팀과 성과가 낮은 팀 사이에 행동과 단계의 차이가 있는지 실험했습니다. 그 결과 문제를 이해하는 데 시간을 먼저 더 투자한 팀이, 해결책을 더 먼저 제시하거나 더 많이 논의한 팀보다 더 나은 성과를 보였습니다. 성과가 좋은 상위 5개 팀은 문제를 파악하는데에 초기 시간을 많이 할애했습니다. 반대로 성과가 좋지 않은 하위 5개 팀은 실행을 먼저

Phase type

정보 파악   해결책 탐색   의사결정   과제 해결   산발적 업무

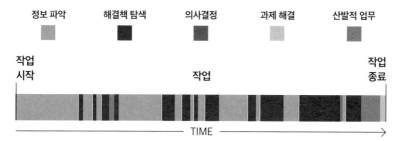

작업
시작   작업   작업
종료

TIME

Source: Serena G. Sohrab, Mary J. Waller, Sjir Uitdewilligen   ⏁ HBR

● 실제로 팀이 문제를 해결하는 과정

하거나 해결책을 찾는 데 시간을 더 썼습니다. 하위 5개 팀은 해결책을 선정하고 나서 번복하는 일도 있었습니다.

이 연구는 직장인이 아니라 대학생을 대상으로 한 점, 비즈니스 관점의 성과가 아닌 점 등 여러 한계가 있지만 그래도 팀장에게 시사하는 바가 명확합니다. 해결책을 찾는 것보다 문제를 파악하는 데 더 시간을 들이라는 겁니다. 팀장과 팀원 모두가 문제를 제대로 이해하고 있는지, 다른 문제점을 놓치고 있는 건 아닌지, 모두가 문제를 파악하기 위해 노력하는지 팀장이 챙겨야 한다는 겁니다.

이런 관점에서 검색엔진을 사용하는 것과 ChatGPT 같은 초거대 언어모델을 사용하는 것은 분명 차이가 있습니다.

검색엔진은 문제 파악보다는 해결책 탐색에 좋습니다. 검색엔진은 인터넷에 올라온 수많은 해결책을 탐색하기 쉬우라고 만든 겁니다. 웹사이트 자체가 솔루션 덩어리라 해도 됩니다. 최초의 웹사이트는 웹 페이지를 만드는 방법을 설명한 것이고, 그 다음부터 나오

정보 파악   해결책 탐색   의사결정   과제 해결   산발적 업무

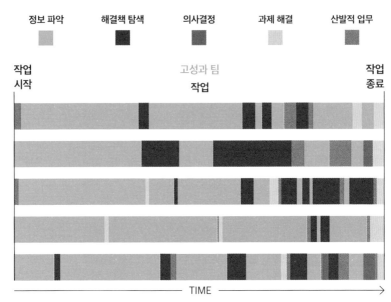

작업 시작   고성과 팀 작업   작업 종료

TIME

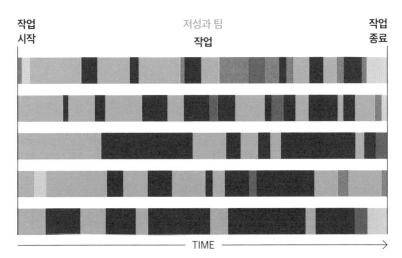

작업 시작   저성과 팀 작업   작업 종료

TIME

Source: Serena G. Sohrab, Mary J. Waller, Sjir Uitdewilligen   ▽ HBR

● 고성과 팀과 저성과 팀의 문제해결 과정 차이

는 웹사이트는 모두 기업의 홈페이지였습니다. 제품, 상품, 서비스, 솔루션 등이었습니다. 게다가 검색엔진은 사람들이 빨리 해결책을 찾도록 돕기 위해 웹사이트나 웹페이지를 먼저 보여주는 기준을 만들었습니다. 이런 기준 때문에 우리는 검색엔진에서 해결책을 더 빨리 찾을 수 있습니다.

예를 들어 자동차에서 불쾌한 소음이 커지고 있다고 해보겠습니다. 구글에서 '자동차에서 불쾌한 소음이 커지고 있다'고 검색하면 자동차 소음의 종류, 소음 진동을 줄이는 방법, 소음을 90% 없애는 방법 등이 나옵니다. 만약 문제 파악을 원한다면 소음의 종류를 클릭할 것이고, 문제 해결책을 찾는다면 소음 진동을 줄이는 방법을 클릭할 겁니다. 문제 파악보다는 문제 해결책에 관한 얘기가 더 많

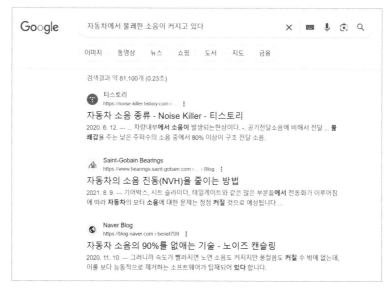

● 검색엔진에서 문제를 제시하자 가장 많이 참조된 웹페이지를 보여준다.

습니다. 문제 해결책은 특정 기업의 제품이나 서비스입니다.

이번에는 ChatGPT에게 물어보겠습니다. ChatGPT는 소음이 커지는 문제는 다양한 원인으로 인해 발생할 수 있다고 얘기합니다. 그래서 소음의 원인을 파악하고 적절한 해결책을 찾는 것이 중요하다고 말합니다. 원인 파악과 해결책 탐색을 순서대로 얘기하면서 거의 같은 비중으로 서술합니다.

ChatGPT 4 ˅

당신
자동차에서 불쾌한 소음이 커지고 있다

ChatGPT
자동차에서 불쾌한 소음이 커지는 문제는 다양한 원인으로 인해 발생할 수 있습니다. 소음의 원인을 파악하고 적절한 해결책을 찾는 것이 중요합니다. 일반적인 원인과 해결 방법을 살펴보겠습니다.

1. **엔진 소음**: 엔진에서 나는 소음이 커지는 경우, 엔진 오일 부족, 오일 필터 막힘, 또는 엔진 내부의 마모 또는 손상 등이 원인일 수 있습니다. 엔진 오일과 필터를 점검하고 필요한 경우 교체하세요. 만약 문제가 지속된다면, 전문가의 진단이 필요할 수 있습니다.
2. **배기계통 소음**: 배기 시스템의 소음이 커지는 것은 배기관의 누수나 배기 매니폴드, 머플러의 손상 등으로 인해 발생할 수 있습니다. 배기 시스템을 점검하여 손상된 부분을 교체하세요.
3. **타이어 소음**: 타이어에서 발생하는 소음은 타이어의 마모, 부적절한 공기압, 또는 잘못된 휠 정렬 때문일 수 있습니다. 타이어 상태를 점검하고, 필요한 경우 타이어를 교체하거나 공기압을 조절하고 휠 정렬을 조정하세요.
4. **서스펜션 또는 조향계 소음**: 서스펜ᵗ ↓ 스템이나 조향 시스템에서 나는 소음은 부품

● ChatGPT에서 문제를 제시하자 다양한 원인을 정리해서 알려준다.

ChatGPT가 알려준 다양한 소음 원인 중에 엔진 소음에 대해 더 정보를 얻고자 하면 그대로 이어서 질문하면 됩니다.

엔진 소음에 대한 정보를 더 파악하고 싶다.

 엔진 소음이 커지는 것은 여러 가지 이유로 인해 발생할 수 있으며, 이를 정확히 진단하는 것이 중요합니다. 엔진 소음의 주요 원인과 그에 대한 대처 방안에 대해 자세히 알아보겠습니다.

1. 엔진 오일 문제

원인 : 엔진 오일이 부족하거나 오일이 오래되어 엔진 부품 간의 마찰이 증가할 수 있습니다. 또한, 오일 필터가 막혀 있으면 엔진 오일의 순환이 원활하지 않아 소음이 발생할 수 있습니다.

대처 방안 : 정기적으로 엔진 오일과 오일 필터를 점검하고 교체하세요. 제조사의 권장 사항에 따라 적절한 등급과 유형의 오일을 사용하는 것이 중요합니다.

2. 엔진 내부 마모 또는 손상

원인 : 엔진 내부의 부품, 예를 들어 피스톤, 베어링, 밸브 등이 마모되거나 손상될 수 있습니다. 이러한 마모나 손상은 엔진의 비정상적인 소음을 유발합니다.

대처 방안 : 소음의 원인이 되는 부품을 정확히 진단하고, 필요한 경우 부품을 교체해야 합니다. 이는 전문적인 지식과 도구가 필요한 작업이므로, 자동차 정비 전문가에게 상담하는 것이 좋습니다.

3. 타이밍 벨트 또는 체인 문제

(중략)

4. 엔진 냉각 시스템 문제

(중략)

5. 엔진 마운트 문제

(중략)

엔진 소음 문제를 해결하기 위해서는 정확한 진단이 중요합니다. 위에서 언급한 원인 외에도 다른 요인들이 작용할 수 있으므로, 문제가 지속될 경우 전문가의 도움을 받는 것이 가장 좋은 방법입니다. 전문가는 고급 진단 도구를 사용하여 엔진의 상태를 정확하게 평가하고, 적절한 해결책을 제공할 수 있습니다.

ChatGPT는 검색엔진과 달리 특정 문제에 대해 계속해서 질문하고 정보를 얻는 과정을 계속할 수 있습니다. 엔진 오일 문제에 대해 계속 질문해 보겠습니다.

엔진 오일 문제에 대해 좀더 자세히 설명해줘.

엔진 오일 문제는 자동차 엔진의 성능과 수명에 직접적인 영향을 미치는 중요한 요소입니다. 엔진 오일은 엔진 내부의 움직이는 부품 사이의 마찰을 줄이고, 엔진을 냉각시키며, 내부 부품을 청결하게 유지하는 등 다양한 역할을 합니다. 엔진 오일과 관련된 문제는 크게 다음과 같은 몇 가지 유형으로 나눌 수 있습니다 :

1. 엔진 오일 부족

원인 : 엔진 오일이 적절한 수준보다 낮으면 엔진 내부의 부품 사이에서 발생하는 마찰이 증가하여 엔진 소음이 커지고, 엔진이 과열될 수 있습니다. 오일이 부족한 이유는 주로 누유 또는 오일 소모로 인해 발생합니다.

대처 방안 : 정기적으로 엔진 오일 수준을 점검하고, 필요시 오일을 보충해야 합니다. 오일 레벨이 자주 낮아진다면 누유 가능성을 점검해야 합니다.

2. 오일 오염 및 점도 변화

원인 : 시간이 지남에 따라 엔진 오일은 오염되고 점도가 변할 수 있습니다. 이는 오일의 윤활 능력을 저하시켜 엔진 부품의 마찰을 증가시키고 소음을 유발할 수 있습니다.

대처 방안 : 엔진 오일과 오일 필터를 제조사의 권장 사항에 따라 정기적으로 교체해야 합니다.

3. 오일 필터 막힘

[중략]

4. 부적절한 오일 사용

[중략]

엔진 오일 문제는 엔진의 성능 저하, 수명 단축, 심각한 경우 엔진 고장으로 이어질 수 있으므로, 정기적인 점검과 적절한 관리가 매우 중요합니다. 엔진 오일과 관련된 문제가 의심되면, 가능한 빨리 전문가의 진단을 받는 것이 좋습니다.

앞 연구에서 성과가 높은 팀이 가장 먼저 시간을 많이 할애한 정보 파악 information processing에 ChatGPT 같은 초거대언어모델이 검색엔진보다 훨씬 도움이 된다는 말입니다. 실질적인 해결책을 가진 기업이나 사람을 찾을 때는 검색엔진이 확실히 도움이 됩니다. 하지만 문제를 정의하고 정보를 얻고 상황을 이해하는 과정에는 ChatGPT 같은 초거대언어모델이 훨씬 낫습니다.

어쩌면 그간 팀은 문제를 파악하는 도구가 없어서 문제 해결책을 먼저 찾았는지도 모릅니다. 문제 해결책을 찾는 검색엔진 같은 도구가 먼저 생겨서 문제 파악을 등한시하거나 외면한지도 모릅니다. 하지만 이제는 문제를 정의하고 이해하고 정보를 얻고 파악하는 과정에 AI가 결정적인 도움을 줄 것입니다. 팀장이 문제 파악에 AI를 써야 하는 이유입니다.

문제 해결과 AI

앞에서 문제 파악이 중요하다고 얘기했습니다. AI를 활용하면 문제를 아주 빨리 파악할 수 있다고 말했습니다. 그렇다면 이제 문제 해결 단계는 어떨까요? 문제 해결에도 AI를 활용할 수 있을까요? 이걸 살펴보려면 문제의 종류와 문제 해결 방법론을 먼저 이해해야 합니다.

기업은 고객의 문제를 해결해서 돈을 법니다. 공공기관은 국민과 사회의 문제를 해결하는 조직입니다. 일하는 것은 모두 문제 해결 과정입니다. 그런데 여러분도 그런가요? 아침에 출근하면 고객의 문제를 해결하나요?

그런 사람도 있지만 대부분은 고객의 문제를 직접 해결하지 않습니다. 직장인은 대부분 상사의 문제를 해결합니다. 상사는 또 자기 상사의 문제를 해결합니다. 더는 상사가 없는 사람이 있을 수 있습니다. 그런 사람들이 고객의 문제를 해결합니다. 직장인은 상사의 문제를 해결함으로써 고객의 문제를 해결합니다. 상사가 고객의 문제를 가지고 오기 때문입니다.

그런데 팀장은 좀 다른 문제를 해결해야 합니다. 팀장의 문제 해결 절반은 상사의 문제를 해결하는 것이 맞습니다. 하지만 나머지 절반은 팀원의 문제를 해결하는 겁니다. 갑자기 퇴사한다, 누구랑 싸웠다, 일하기 싫다, 소통이 안 된다, 집에 일이 많다, 월급이 적다, 고민이 많다 같은 팀원의 문제를 해결해야 합니다.

이런 문제는 다 같은 문제가 아닙니다. 문제에도 여러 종류가 있습니다. 흔히 얘기하는 '문제problem'는 해결하고 싶은데 해결하기 어렵거나 난처한 일 또는 귀찮거나 말썽이 되는 일입니다. 기업의 매출이 떨어지거나 시장 점유율이 낮아지거나 안전사고가 일어나거나 개선의 여지가 있거나 조직 개편이 필요하거나 미래를 대비하고 준비해야 하거나 하는 것들이 모두 '문제problem'에 해당합니다. 어떤 것을 '문제problem'라고 보고한다는 말은 해결 대상이라는 말입니다.

만약 팀원이 "팀장님, 문제problem가 있습니다."라고 말하면 팀장은 이렇게 대답하면 됩니다.

"해결 방법을 찾아서 보고하세요."

문제problem와 비슷하지만 뜻도 쓰임새도 다른 단어로 '이슈'가 있습니다. '이슈issue'는 서로 다투는 중심이 되는 점입니다. 두 당사자

이상이 하나를 두고 논쟁을 벌이고 있는 상황을 말합니다. 예를 들어 김 대리는 당장 신사업을 하자고 합니다. 박 과장은 당장 투자금이 부족해서 몇 년 후에 시작하자고 합니다. 김 대리와 박 과장이 신사업에 대해 논쟁을 벌이고 있습니다. 이게 이슈입니다. 어떤 것을 '이슈'라고 보고한다는 말은 논의 대상이라는 말입니다.

만약 팀원이 "팀장님, 이슈가 있습니다."라고 말하면 팀장은 이렇게 대답하면 됩니다.

"당사자들 불러서 회의합시다."

'퀘스천question'이란 말도 문제로 번역합니다. 셰익스피어가 쓴 〈햄릿〉에 나오는 유명한 말 "To be or not to be, that is the question."에서 question을 문제라고 번역합니다. "사느냐, 죽느냐, 이것이 문제로다."라고 말이죠. 이때 퀘스천은 정답이 있는 문제입니다. 보기가 있어서 선택하면 끝나는 문제인데 선택을 못하는 상황입니다.

만약 팀원이 "팀장님, 이번 건은 좀 퀘스천인데요?"라고 말하면 팀장은 이렇게 대답하면 됩니다.

"당신이 결정하세요. 못하겠으면 제가 결정하겠습니다."

'트러블Trouble'도 문제라고 번역합니다. 트러블은 주로 개인이 겪거나 개인이 느끼는 문제입니다. 갑자기 곤란한 일을 당했을 때 쓰기도 합니다.

만약 팀원이 "팀장님, 약간의 트러블이 생긴 겁니다."라고 말하면 팀장은 이렇게 대답하면 됩니다.

"내가 도울 일 있을까요?"

구분	정의	해결 방식
문제(problem)	폐해를 입히는 것	방법 모색
이슈(issue)	논쟁이 되는 것	회의 소집
퀘스천(question)	선택해야 하는 것	의사 결정
트러블(trouble)	개인의 곤란한 일	적극 지원

● 문제의 종류

부서장은 문제, 이슈, 퀘스천, 트러블을 모두 다룹니다. 이중에서 말단 팀장이 가장 많이 다루고 가장 다루기 어려운 것은 무엇일까요? 바로 트러블입니다.

사실 문제는 전사 관점에서 해결합니다. 전사에 폐해를 입히는 것이 문제이고 이런 문제는 전사에서 공식적으로 다룹니다. 이슈도 마찬가지입니다. 팀 내의 이슈는 이슈라고 하기 어렵습니다. 보통 팀과 팀의 논쟁을 이슈라고 합니다. 현업 부서와 지원 부서 사이의 논쟁이 대표적입니다. 퀘스천은 최종 의사결정권자나 전결권자의 고민에 가깝습니다. 현장에서 직접 사람을 관리하는 팀장을 가장 많이 괴롭히는 것은 의외로 트러블입니다.

트러블이란 문제를 해결하는 방법 중에 트러블슈팅이 가장 유명합니다. 오래된 서부 영화를 보면 트러블슈팅이란 말의 유래를 알 수 있습니다. 19세기 미국 서부에 새롭게 들어선 광산 도시의 술집에서 사람들이 떠들썩하게 술을 마시고 있습니다. 그때 문이 열리면서 검은 망토를 입고 검은 모자를 쓴 주인공이 들어옵니다. 술집 안은 조용해집니다. 주인공은 바로 가서 자리를 잡고 앉습니다. 맥주를 한 잔 시킵니다. 맥주잔이 나오자마자 문이 부서질 듯 열리면서 악당 무리가 들어옵니다. 악당 무리는 소리치며 사람들을 괴롭히다 주인공에게 시비를 겁니다. 이게 트러블입니다.

주인공은 맥주잔을 보는 척하지만 주변을 다 확인하고 있습니다. 악당 A가 무슨 총을 차고 있고, 악당 B는 무슨 신발을 신었는지 다 캐치했습니다. 한 악당이 주인공의 맥주잔을 가로채고는 크게 소리를 칩니다. 옆에 있던 의자나 테이블을 부술 듯이 동작을 취합니다. 주인공은 더는 참을 수 없습니다. 고개를 돌려 악당 무리를 째려보면서 손은 허리에 찬 총에 조금씩 다가갑니다. 금세라도 총을 꺼내 쏠 것 같습니다. 그때 갑자기 '탕, 탕, 탕' 총소리가 납니다. 주인공은 깜짝 놀라 뒤를 돌아봅니다. 바텐더가 산탄총으로 악당 무리를 쏜 겁니다. 이게 트러블슈팅입니다.

트러블슈팅은 우리가 흔히 아는 문제 해결 방법과 매우 다릅니다. 일반적으로 보통 직장인에게 가장 많이 알려진 문제 해결 방법은 맥킨지의 문제 해결 방법론입니다. 7단계로 나뉘어진 맥킨지의 접근법은 다음과 같습니다.

1. 문제 정의

2. 문제 구조화

3. 중요 이슈 선정

4. 분석과 작업 계획

5. 분석 활동

6. 발견 종합

7. 제안 개발

다른 문제 해결 방법으로 문제 해결 5단계 방법도 있습니다. 역시 맥킨지 같은 컨설팅 회사의 문제 해결 방법론에 기반한 겁니다.

1. 문제 정의

2. 핵심 원인 분석

3. 해결 방안 모색

4. 최적안 선정

5. 실행

두 문제 해결 방법론의 특징은 '분석'입니다. 문제가 왜 그렇게 발생했는지 조사하고 분석해서 핵심 원인을 찾는 겁니다. 원인 분석을 해야 어떻게 해결할 것인지 방안이 나옵니다. 그런데 이건 컨설턴트의 입장입니다.

맥킨지는 글로벌 컨설팅 기업입니다. 컨설턴트 입장에서 문제를 해결합니다. 당연히 문제 해결 방법 자체가 컨설팅에 맞춰져 있습니다. 보통 팀장이 이런 식의 문제 해결 방법을 따른다는 것은 자기 팀 문제가 아니라 남의 팀 문제를 조언해 줄 때입니다. 자기 자식을 공부시키는 것과 남의 자식을 공부시키는 것은 완전히 다른 얘기입니다. 남의 자식을 공부시키는 건 컨설팅입니다. 그렇다면 위에서 얘기한 맥킨지의 문제 해결 방법론을 사용하면 됩니다. 하지만 내 자식을 공부시킬 때는 아무도 이런 방법론을 쓰지 않습니다. 오히려 트러블슈팅을 쓰는 경우가 더 많습니다.

"학원 바꿔라."

"노는 친구 만나지 마라."

"됐고, 그냥 암기과목만 파라."

컨설턴트가 돈을 받는 이유는 조직의 문제를 일으키는 핵심 원인을 찾아주기 때문입니다. 하지만 컨설턴트가 건드리는 것은 전사적인 것들입니다. 예를 들어 맥킨지는 7S 프레임워크를 갖고 있습니다. 구조structure, 전략strategy, 시스템systems, 스킬skills, 스태프staff, 공유 가치shared values를 의미합니다. 이건 모두 전사 관점입니다. 팀이 전사의 구조나 전략, 시스템이나 스킬, 스태프나 공유 가치를 바꿀 수 없습니다. 팀 자체의 7S를 만드는 것도 불가능하고 불필요합니다.

게다가 사람에게서 원인을 찾는 건 거의 불가능합니다. 박 과장이 김 대리와 전시회 출품 건으로 다투었습니다. 박 과장이 팀장에게 찾아와서 김 대리와 일을 같이 못하겠다고 합니다. 팀장이 왜 그러냐고 물어봅니다. 박 과장이 뭐라고 대답합니다. 팀장이 김 대리를 불러 왜 그러냐고 물어봅니다. 김 대리가 대답합니다. 두 사람의 말이 다릅니다. 박 과장은 이번 일 때문만은 아니라고 합니다. 전에도 그런 일이 있었는데 참았다고 합니다. 김 대리는 박 과장이 왜 그런지 모르겠다고 합니다. 전에는 가만 있다가 이번에 왜 폭발하는지 성격이 이상하다고 합니다.

사람에게 원인을 찾을 수는 없습니다. 사람에게 컨설팅하는 건 거의 불가능합니다. 그래서 다른 방법을 씁니다. 사람을 다루는 직업 중 대표적인 것이 의사입니다. 의사는 물론 원인 분석을 합니다. 그런데 그걸 '원인 분석'이라고 표현하지 않고 '진단'이라는 말을 씁니다. 핵심 원인을 찾는 것이 아니라 어떤 유형인지 분류해내는 겁니다.

"네, 감기입니다."

"폐암 1기입니다."

"편두통이네요."

감기의 원인은 매우 다양합니다. 폐암의 원인은 수도 없이 많습니다. 편두통은 솔직히 왜 생기는지 잘 모릅니다. 사람에게서 원인을 찾는 일은 매우 어렵습니다. 의사도 잘 못하는 걸 보통 팀장이 한다고요? 그건 불가능합니다. 그래서 의사도 문제를 해결하는 것이 아니라 빠른 대응책을 제시하고 그 다음 단계의 증상을 봅니다.

"네, 감기입니다. 3일치 약 드세요."

"폐암 1기입니다. 다음주에 수술하시죠."

"편두통이네요. 며칠 좀 안정을 취하세요."

이게 트러블슈팅입니다. 술집에 악당 무리가 나타나서 소란을 벌입니다. 이건 사람의 증상이므로 악당이 왜 그런 행동을 하는지 무슨 연유에서 그러는지 아무도 밝혀낼 수 없습니다. 그래서 바텐더는 '악당 무리의 소란'이라는 범주를 하나 만들어놓고 이 범주에 들어오면 바로 진단을 합니다.

"악당 무리의 소란이군. 바로 대응해야겠군."

그리고 총을 쏩니다. 악당 무리는 놀라서 도망갑니다. 물론 다음에 악당이 무리를 더 이끌고 술집에 쳐들어올 수 있습니다. 하지만 어떤 이유인지 모르겠지만 안 올 수도 있습니다. 안 오면 문제는 해결된 겁니다. 오면 그냥 새로운 문제가 또 생긴 것뿐입니다. 감기에 걸려서 약 먹고 나았다고 해서 나중에 또 감기에 안 걸리지는 않습니다. 팀원끼리 다투어서 중재를 했다고 해서 다음에 또 안 싸운다고 보장할 수 없습니다.

팀장의 현실적인 문제 해결 방법이 트러블슈팅이란 겁니다. 이 방법이 바로 엔지니어와 개발자가 IT, 디지털, AI의 문제를 해결해온 방법이고, 지금 AI가 사용하는 문제 해결 방법입니다.

서부 영화의 술집에서나 보던 트러블슈팅은 19세기 후반에 전신회사의 문제 해결 방법으로 사용되었습니다. 전신 장비에 문제가 발생하면 핵심 원인을 찾아 해결할 수 없습니다. 전신 장비는 사막한 가운데 있기도 하고 본사에서 수천 킬로미터 떨어진 곳에 있기도 합니다. 과거 미국인들이 자동차를 직접 정비했던 이유와 같습니다. 정비소까지 차를 가져가서 핵심 원인을 찾아 해결하기가 무척 어렵기 때문에 스스로 증상을 완화하는 경정비 기술을 배웠습니다.

당시에 전신 장비나 철도, 자동차 같은 첨단 하드웨어의 문제를 해결하는 방법으로 트러블슈팅이 사용되면서 점차 소프트웨어에도 트러블슈팅이 사용되었습니다. 예를 들어 MS의 트러블슈팅 방법론은 다음과 같습니다.

1. 문제 발견 Discover the problem
2. 조건 탐구 Explore the conditions
3. 가능한 접근법 모색 Track down possible approaches
4. 가능성 높은 접근법 실행 Execute the most likely approach
5. 성공 여부 확인 Check for success
6. 남은 일 마무리 Tie up loose ends

하나씩 살펴보겠습니다.

첫 번째, 문제 발견입니다. 소프트웨어에서 문제는 증상으로 바로 나타납니다. 최초 증상을 발견하는 순간 문제가 됩니다. 이때 문제는 큰 의미의 문제를 뜻합니다. 일단 증상이라는 문제를 발견하면 그게 무슨 문제인지 '정의'하지 않습니다. 맥킨지의 문제 해결 방법은 문제가 정확히 무엇인지 정의하는 것을 중요하게 생각합니다. 하지만 트러블슈팅은 문제를 정의하기가 무척 어렵다고 보고 문제

증상을 발견해서 간단히 묘사만 하는 것으로 끝냅니다. 예를 들어 이런 겁니다.

"홈페이지가 접속이 안 됩니다."

"노트북이 켜지지 않습니다."

"컨베이어 벨트가 움직이지 않습니다."

두 번째, 조건 탐구입니다. 증상을 보고 어떤 조건일 때 발생하는지 탐구하는 겁니다. 핵심 원인을 찾는 것이 아니라 증상이 발현하면 안 되는 조건을 찾는 겁니다. 예를 들어 홈페이지가 접속이 되려면 몇 가지 조건이 있어야 합니다. 컴퓨터가 정상 작동해야 하고, 인터넷이 연결되어야 하고, 홈페이지 주소가 정확해야 하고, 홈페이지 코드가 있는 서버가 정상 작동해야 하고, 네트워크 사용량이 한도 이내 등등이어야 합니다. 이러한 조건을 모두 만족했을 때 홈페이지 접속이 가능합니다. 그렇다면 이 조건을 하나씩 체크하면 됩니다. 컴퓨터가 정상 작동하는지 보고, 인터넷 연결을 확인하고, 홈페이지 주소도 다시 보는 등의 일을 우린 자기도 모르게 순차적으로 합니다. 물론 놓치는 조건도 있습니다. 조건을 다 알지도 못합니다. 그래서 체크리스트나 매뉴얼을 보면서 조건을 확인합니다.

세 번째, 가능한 접근법을 모색하는 겁니다. 문제는 여러 조건에서 발생할 수도 있고, 한 조건에서 여러 상황으로 나타날 수도 있습니다. 이때 당장 내가 가능한 선에서부터 접근법을 찾는 겁니다. 홈페이지 사용자가 홈페이지에 접속을 못하면 자기 컴퓨터, 자기 인터넷, 홈페이지 주소 입력 같은 것부터 확인하는 접근법을 택해야 합니다. 홈페이지 운영자라면 서버나 프로그램도 확인해야 합니다.

네 번째, 가능성 높은 접근법을 실행하는 겁니다. 홈페이지 사용자는 홈페이지 주소부터 확인합니다. 주소가 정확한데 접속이 안된다면 인터넷 연결을 확인합니다. 인터넷 연결이 이상 없다면 다른 브라우저를 열어서 접속해 봅니다. 그래도 문제가 계속된다면 스마트폰으로 접속해 봅니다. 스마트폰으로는 잘 접속된다면 컴퓨터의 문제입니다. 껐다 켜봅니다.

다섯 번째, 성공 여부를 확인합니다. 트러블슈팅은 바로 결과를 확인할 수 있습니다. 성공하지 못했다면 다음으로 가능성 높은 접근법을 실행합니다.

마지막 여섯 번째는 내용을 기록하거나 다른 사람에게 전달하는 등 후속 조치입니다.

트러블슈팅은 무엇인가 문제가 생겨서 핵심 원인을 찾아 근본적으로 해결하는 것이 아니라, 현실적으로 실행 가능한 대책을 찾아 바로바로 실천하고 결과를 확인하는 겁니다. 계획을 짜느라 시간을 허비하는 것이 아니라 여러 관점에서 일단 시도해 보는 겁니다. 이렇게 하려면 매뉴얼과 체크리스트를 만들고 이걸 기반으로 대응하고, 대응 후에는 매뉴얼과 체크리스트를 빠르게 갱신합니다. 스스로 트러블슈팅의 버전을 계속 올리면서 고도화하는 겁니다.

전사 차원의 문제 해결은 분명 맥킨지의 방식이 더 낫습니다. 근본 원인을 밝힐 자원도 충분하고 계획을 짤 시간도 있습니다. 분석이 필요하면 외부 컨설턴트를 활용하면 됩니다. 하지만 팀 단위에서는 맥킨지의 방식대로 문제를 해결할 시간도 돈도 사람도 없습니다. 게다가 맥킨지의 방식으로 문제를 해결할 가능성도 거의 없습니다. 팀에서는 트러블슈팅을 쓰는 것이 훨씬 낫고, 사실 현재도 많은 팀장이 알게 모르게 트러블슈팅 방법을 사용해서 팀의 문제를 해결합니다. AI 시대에 팀 문제 해결에는 트러블슈팅을 추천합니다.

업무 지시와 AI

혼히 팀장이 개떡같이 말해도 팀원이 찰떡같이 알아듣고 일해야 한다고 합니다. 그런데 과연 그런 팀원이 있을까요? 팀장이 개떡같이 말했는데 팀원이 찰떡같이 알아듣고 일하는 경우는 거의 없습니다. 왜 그럴까요? 말만으로는 소통이 되지 않기 때문입니다. 팀장이 말만으로 팀원에게 지시하지는 않는다는 말입니다. 표정이나 몸짓, 발성이나 말투 같은 것이 소통에 중요하다는 뜻입니다. 장소, 시간, 상황 같은 TPO도 상대의 말을 이해하는 데 중요한 역할을 한다는 뜻입니다.

우리는 이미 코로나 때 말만으로는 소통이 안 된다는 것을 깨달았습니다. 화상회의에서 비디오를 끈 상태로 말로만 해서는 제대로 지시하지도, 제대로 지시받지도 못했습니다. 하물며 글은 더 심합니다. 메일이나 메신저로 업무를 지시했지만 제대로 되지 않았습니다. 결국 많은 기업이 재택근무나 화상회의를 접고 대면 근무와 대면 회의로 되돌렸습니다. 그렇게 한 이유가 있는 겁니다.

그런데 AI에게는 표정이나 몸짓, 발성이나 말투, 장소나 시간, 상황 같은 것을 보여줄 수도, 설정할 수도 없습니다. 오직 글만으로 지시를 해야 합니다. 발성이나 말투로 중요도나 상황을 표현할 수도 없습니다. 평소에도 보고서, 메일, 문자 같은 걸 못 쓴다고 핀잔 듣던 팀장이 어찌 AI에게 제대로 지시하는 글을 쓸 수 있을까요? 결코 쉬운 일이 아닙니다.

게다가 백지 증후군이란 것이 있습니다. Blank page syndrome 이라고도 합니다. 작가가 종이에 글을 쓸 때 아무 글도 없는 백지에 첫 문장을 시작하기가 굉장히 어려워서 글을 못 쓰는 증상을 뜻합니다. 사실 모든 책의 첫 문장은 신이 내린 문장이라고도 합니다. 그만큼 텅 빈 하얀 종이에 첫 문장을 쓰기가 어려운 겁니다.

요즘은 빈 스크린 증후군이라고 합니다. Blank screen syndrome 입니다. 종이 대신 노트북으로 글을 쓰는 경우가 많아서 종이 대신 모니터 스크린으로 바뀌었습니다. 글을 입력하는 곳에 깜빡이는 커서만 바라보며 키보드에서 아무 키도 누르지 못하는 증상입니다. 이런 증상이 정말 많은 사람들에게 나타납니다. 그래서 ChatGPT 같은 AI를 서비스하는 사람들이 생각한 방법은 예문을 보여주는 겁니다. ChatGPT도 첫 화면에 예문 4개를 보여주며 따라 써 보라고 권유합니다.

● ChatGPT는 빈 스크린 증후군을 막기 위해 첫 화면에 쉬운 예시 질문 4개를 보여준다.

간단한 지시는 AI가 제시하는 예문을 따라하면 됩니다. 하지만 AI에게 제대로 일을 시키려면 예문만으로는 부족합니다. 그렇다고 해서 팀원에게 글로 지시하듯 하면 될까요? 빈 스크린에 글 쓰는 것도 어색하고, AI한테 업무를 지시하는 것도 불편하고, 뭐라고 지시해야 하는지도 잘 모르니 많은 팀장이 AI를 거부하는 건 어쩌면 당연한 일입니다. 하지만 그렇다고 해서 AI를 멀리할 수는 없습니다. 어떻게든 팀원이다 생각하고 써야 합니다. 방법은 다 있습니다.

빈 스크린 증후군은 교육을 받으면서 해소할 수 있습니다. 다른 팀장과 함께 강사의 시연을 보고 따라하면서 실습하면 금방 증후군을 극복할 수 있습니다. AI한테 업무를 지시하는 게 불편한 마음은 시간이 지날수록 저절로 해결됩니다. 오래 같이 일한 팀원에게 하는 것처럼 새 팀원에게도 편하게 업무 지시를 할 수 없습니다. 새 팀원은 짧게는 며칠, 길게는 몇 주 정도 서로 불편합니다. AI도 새 팀원이라 생각하면 불편한 시간이 지나길 기다리면 됩니다. 문제는 팀장이 AI에게 뭐라고 지시해야 하는지에 관한 겁니다. 그런데 이것도 방법이 다 있습니다. 프롬프트 엔지니어링입니다.

2022년 11월에 ChatGPT가 등장한 이후 프롬프트 엔지니어링 prompt engineering이란 말이 널리 퍼졌습니다. 프롬프트 엔지니어링은 ChatGPT 같은 AI에게 지시나 요청을 하기 위한 글(=프롬프트)을 철저히 설계하고 최적화하는 과정을 말합니다. AI에게 원하는 것을 정확하고 구체적이고 체계적으로 말해야 AI가 제대로 대답하기 때문에 프롬프트 엔지니어링을 전문으로 하는 직업이 유망하다며 자격증까지 나오고 있습니다.

팀장이 AI 팀원에게 업무를 지시하려면 프롬프트 엔지니어링을 배우면 좋습니다. 사실 개발자들이 사용하는 수준까지는 보통 팀장이 알 필요 없습니다. 오히려 AI로 하여금 프롬프트를 만들어달라고 하는 식으로 활용하면 좋습니다. 예를 들어 복잡한 업무에 대해 AI에게든 팀원에게든 지시할 글을 만들 때 ChatGPT 같은 언어모델을 사용하면 좋습니다.

예를 들어 AI에게 가상의 팀원 4명을 만들고, 그들과 최근 6개월간 매월 면담한 결과를 작성한 다음, 팀원별로 주요 키워드를 도출해서 서로 비교해서 인사이트를 5가지 도출하는 업무를 지시하고 싶다고 해보겠습니다. 이걸 그대로 지시해도 좋지만 ChatGPT에게 단계를 구분해서 프롬프트를 다시 적어달라고 하는 겁니다.

다음과 같은 작업을 하려고 한다. 단계를 구분해서 프롬프트를 다시 적어줘.

가상의 팀원 4명을 만들고, 그들과 최근 6개월간 매월 면담한 결과를 작성한 다음, 팀원별로 주요 키워드를 도출해서 서로 비교해서 인사이트를 5가지 도출해줘.

이 작업을 수행하기 위해 단계별로 나눈 프롬프트는 다음과 같습니다 :

1단계 : 가상의 팀원 생성

팀원 A, B, C, D의 프로필을 생성합니다. 각각의 팀원에게 고유한 특성, 업무 경험, 관심사를 부여합니다.

2단계 : 면담 내용 작성

최근 6개월간 매월 진행한 면담의 결과를 기반으로 가상의 대화 또는 피드백을 작성합니다. 각 팀원별로 진행 상황, 성과, 고충, 개선점 등을 포함합니다.

3단계 : 주요 키워드 도출

작성된 면담 내용을 분석하여 각 팀원별로 주요 키워드를 도출합니다. 이때, 업무 성과, 동기 부여, 팀워크, 개인의 문제 등과 관련된 키워드를 중심으로 선정합니다.

4단계 : 키워드 비교 분석

도출된 키워드를 비교 분석하여 팀원 간의 유사점과 차이점을 파악합니다. 이를 통해 팀 내의 다양성, 업무 경향성, 문제 영역 등을 식별합니다.

5단계 : 인사이트 도출

위의 분석을 기반으로 팀워크 강화, 업무 효율성 개선, 개인별 맞춤 지원 등에 대한 인사이트를 5가지 도출합니다. 이 인사이트는 팀 관리 또는 개발에 적용할 수 있는 실질적인 조언이 되어야 합니다.

이러한 단계별 작업을 통해 팀원들의 상황을 종합적으로 이해하고, 팀 내에서 개선할 수 있는 부분을 발견하는 데 도움이 될 것입니다.

이렇게 단계를 나눠서 대답하면 그걸 그대로 복사해서 다시 프롬프트로 사용하면 됩니다. 예를 들면 다음과 같습니다.

다음 단계를 수행해줘. 각각의 단계를 완료하면 내게 확인을 요청해줘.

1단계 : 가상의 팀원 생성

팀원 A, B, C, D의 프로필을 생성합니다. 각각의 팀원에게 고유한 특성, 업무 경험, 관심사를 부여합니다.

2단계 : 면담 내용 작성

시작해볼게요! 먼저 1단계부터 진행하겠습니다 :

1단계 : 가상의 팀원 생성

팀원 A :

- 이름 : Alex

- 역할 : 프로젝트 매니저

- 경험 : 5년의 프로젝트 관리 경험, 다양한 팀 및 프로젝트를 성공적으로 이끈 경력

- 관심사 : 팀 동기 부여, 새로운 기술 습득, 효율적인 업무 프로세스 개선

- 특성 : 리더십, 조직적, 커뮤니케이션 능력 우수

팀원 B :

[중략]

이 단계를 완료했습니다. 다음 단계로 넘어가기 전에 확인 부탁드려요!

팀장이 팀원에게 업무를 지시할 때 자세한 설명을 하기가 쉽지 않습니다. 만화에서 나왔고 유튜브 '짤'로도 돌아다니는 말 중에 "더 이상의 자세한 설명은 생략한다."라는 것이 있습니다. 원래 만화에서 어떤 제품의 제조법을 설명하다가 난데없이 등장한 대사입니다. 이 어처구니없는 전개와 대사는 큰 임팩트를 남기며 유행어가 되었다고 합니다. 하지만 AI든, 팀원이든 자세한 설명을 생략하면 안 됩니다.

그런데 설명을 자세히 하는 게 쉽지 않습니다. 구체적이고 명확하고 분명하게 말하려면 지시하는 내용의 단계를 구분하고 각 단계별로 필요한 항목을 정하고 서술해야 합니다. 이 일이 쉽지 않아서 많은 팀장이 개떡같이 지시하곤 합니다. 하지만 이제 AI를 이용하면 팀장은 명확하고 자세하게 업무 지시를 할 수 있습니다.

팀장이 팀원에게 업무를 배분할 때 많은 전문가가 공통적으로 하는 말이 있습니다. 팀원의 역량에 맞게, 특정 팀원에게 치우치지 않게, 공정하게 등... 그런데 그 전에 해야 할 일이 있습니다. 업무를 배분하기 전에 먼저 과제를 세부적으로 구분해야 합니다. 과제를 구분하지 않고 던지면 업무를 받는 사람이 혼란에 빠집니다.

- "이걸 나더러 다 하라고?"
- "이 일을 내가 하는 게 맞나?"
- "이 일은 나 혼자 할 수 있는 게 아닌데?"

이와 관련한 재밌는 얘기가 있습니다. 어느 배관공이 화장실이 막혔으니 뚫어 달라는 요청을 받았습니다. 도착한 곳은 아파트 단지의 경비실이었습니다. 경비원은 여기가 막힌 것이 아니고 아파트 단지 100가구 중에 막힌 가구가 있으니 뚫어 달라는 겁니다. 배관공은 배관이 막힌 집이 어디인지 경비원에게 물었습니다. 그러자 경비원이 말했습니다. "그건 당신이 파악해서 해야죠. 집집마다 전화를 돌리든 발품을 팔든 하면 알 수 있는 일 아닙니까? 배관이 막힌 집이 있으면 뚫어 주세요. 그러려고 당신을 부른 겁니다." 배관 공은 황당해서 팀장에게 전화를 걸어 이 사실을 알렸습니다. 여러 분이 팀장이라면 어떻게 대답하겠습니까?

경비원이 배관공에게 맡긴 업무는 크게 두 가지입니다. 하나는 어느 집의 배관이 막혔는지 조사하는 업무, 다른 하나는 막힌 배관 을 뚫는 업무입니다. 배관공의 담당 업무는 분명 배관을 뚫는 것입 니다. 배관이 막혔는지 조사하는 업무는 분명 배관공의 업무라고 볼 수는 없습니다. 그렇다면 이 두 업무를 한데 묶어서 배관공에게 배분했을 때 당연히 배관공은 이렇게 생각할 수밖에 없습니다.

- "배관 막힌 집을 찾고 배관 뚫고 하는 일을 나더러 다 하라고?"
- "배관 막힌 집을 찾는 일을 내가 하는 게 맞나?"
- "배관 막힌 집을 찾고 배관 뚫고 하는 일은 나 혼자 할 수 있는 게 아닌데?"

어떤 배관공은 배관 막힌 집을 찾는 것이 자기 업무라고 생각할 수 있습니다. 그 배관공이 배관회사 사장이라면 그럴 수 있습니다. 하지만 배관회사 직원이고 본인 직무가 배관 뚫는 것이라면 배관 막힌 집을 찾는 업무는 분명 다른 사람이 담당할 일입니다. 다른 사 람이 할 일을 내가 스스로 결정해서 도와주는 것과, 상사가 두 일을 붙여서 내게 떠 맡기는 것은 완전히 다른 일입니다.

일을 시키려면 일단 과제를 세부 업무로 명확히 구분해야 합니다. 배관 막힌 집을 찾는 일과 막힌 배관을 뚫는 일은 분명히 다른 일이라고 구분해야 합니다. 그 일을 한 사람이 하든, 두 사람이 하든, 홍길동이 하든, 이순신이 하든 그건 그 다음 문제입니다. 업무를 뭉뚱그려서 배분해서는 절대 실행력이 높아질 수가 없습니다.

　신제품이 출시되어서 전시회에 출품하는 과제가 있다고 해보겠습니다. 전시회 출품을 기획하는 일, 설치 업체와 연락하고 설치를 관리하는 일, 전시용 제품을 출고하는 일, 전시회 부스에 필요한 물품을 구매하는 일, 당일 현장에서 안내를 하는 일, 최종 결과물이나 보고서를 만드는 일, 이런 식으로 일을 나누어야 합니다.

　일을 나누는 방법으로 WBS^{Work Breakdown System}가 있습니다. 작업분해구조, 작업분류체계, 업무분업구조 등으로 번역합니다. 주로 프로젝트 관리에서 사용하는 도구입니다. WBS는 복잡한 프로젝트나 과제 또는 일련의 작업을 실행할 수 있는 수준으로 분해하고 시작일과 종료일을 지정하는 활동이라고 보면 됩니다. 예를 들어 전시회 출품 과제의 WBS를 만들어보겠습니다.

단계	활동	시작일	종료일
전시 기획	회의 일정 조정	2023-01-01	2023-01-10
	전시 콘셉트 개발	2023-01-11	2023-01-20
	전시 부스 디자인	2023-01-21	2023-01-31
	전시 브로셔 및 광고물 제작	2023-02-01	2023-02-07

전시 준비	부스 설치 및 꾸미기	2023-02-08	2023-02-18
	제품 운반 및 배치	2023-02-19	2023-02-21
전시 운영	전시 시작	2023-02-22	2023-02-22
	제품 홍보 및 시연	2023-02-22	2023-02-24
	고객 상담 및 주문 수집	2023-02-22	2023-02-24
전시 종료	제품 포장 및 운송	2023-02-25	2023-02-27
	부스 철거	2023-02-28	2023-03-04
	후속 조치 및 회고	2023-03-05	2023-03-10

● 전시회 출품 과제의 WBS

WBS를 만드는 일은 이제 AI가 도와줍니다. 앞에서 예로 든 전시회에 신제품을 출품하는 과제를 AI에게 물어서 세부 업무로 구분해 보겠습니다.

🧑 전시회에 신제품을 출품하는 과제를 맡았다. 세부 업무를 구분해줘.

🤖 전시회에 신제품을 출품하는 과제는 다양한 단계와 세부 업무로 나눌 수 있습니다. 다음은 이 과정을 구성하는 주요 업무들입니다 :

1. **제품 준비 및 개발 완성 :**

A. 제품 디자인 최종 확정

B. 제품 사양 및 기능 검토 및 최적화

C. 제품 시제품 제작 및 테스트

D. 제품 생산 준비

2. 전시회 선정 및 등록 :

A. 목표 시장 및 산업에 적합한 전시회 조사 및 선정

B. 전시회 참가 신청 및 등록 절차 완료

C. 부스 크기, 위치 등 전시회 관련 세부 사항 협의

3. 부스 디자인 및 구축 :

A. 전시 부스의 디자인 개념 및 레이아웃 계획

B. 전시 장비 및 자료(브로셔, 명함 등) 준비

C. 부스 설치 및 장비 테스트

4. 마케팅 및 홍보 :

A. 전시회 전 및 중 홍보 계획 수립

B. 소셜 미디어, 이메일 마케팅, 보도 자료 등을 통한 홍보

C. 현장에서의 제품 시연 및 프레젠테이션 준비

5. 현장 운영 및 관리 :

A. 제품 시연 및 설명을 담당할 직원 배치 및 교육

B. 현장에서의 고객 상담 및 네트워킹 활동

C. 제품 및 전시 자료의 안전한 보관 및 관리

6. 후속 조치 및 분석:

A. 전시회 참가 결과 보고서 작성

B. 리드 및 연락처 관리 및 후속 조치

C. 전시회 참가의 효과 분석 및 피드백 수집

각 단계별로 구체적인 작업 항목을 세분화하고, 필요한 자원과 일정을 계획하는 것이 중요합니다. 이 과정에서 팀원 간의 긴밀한 협력과 의사소통이 필수적입니다.

이제 업무별로 팀원을 배정하면 됩니다. 팀원 배정은 팀내 상황을 보면서 팀장이 결정해야 하므로 AI의 도움을 받기는 어려울 수 있습니다. 하지만 팀원의 현재 업무량이나 일정 등의 데이터를 AI에게 주면 AI가 기본적인 판단을 해서 업무를 배분하고 일정을 짤 수 있습니다. 물론 여기까지 하기에는 오류도 많고 하니 참고 정도만 하면 되겠습니다.

위임전결과 AI

모든 조직에는 위임전결 규정이 있습니다. 위임전결은 조직의 경영 활동이나 업무수행에 필요한 의사결정 권한을 부서장에게 맡기는 위임委任과, 상위자의 결재를 생략하고 자신의 책임으로 최종 판단 하는 전결專決을 말합니다.

원래 법인의 모든 결정은 이사회가 해야 합니다. 하지만 이사회 가 매번 모여 모든 것을 결정하기 어렵기 때문에 대부분의 사항을 대표이사가 대리합니다. 하지만 대표이사가 그 모든 결정을 다 내 리기에는 물리적, 정신적 한계가 있습니다. 대표이사는 자신의 결 정 권한을 하위 부서장에게 맡겨야 하고, 그 부서장이 오롯이 혼자 결정할 수 있도록 지원하고 믿어야 합니다.

이런 것을 규정 없이 아무나 그때그때 맘대로 정하면 어떻게 될까요? 다들 대표이사만 바라보거나 결정을 누가 하는지 몰라 헤맵니다. 직원이 몇 명 안 되는 기업이라면 문제가 없지만, 직원이 수십, 수백, 수천, 수만 명이 되면 난장판이 됩니다. 위임전결 규정이 필요한 이유입니다.

예를 들어 한 팀원이 법인 카드를 사용해서 고객 접대를 했습니다. 비용이 100만 원이 나왔습니다. 이 돈을 회사가 접대비로 처리할지 여부를 결정해야 합니다. 위임전결 규정이 없다면 팀원이 결재를 누구에게, 어느 선까지 올릴지, 어느 부서의 협조를 받아야 하는지 알 수 없습니다. 조직은 순식간에 혼란에 빠지고 세무 당국의 조사를 받을 수도 있습니다.

위임 대상이자 전결 대상은 부서장입니다. 원래 부서원은 위임 대상이 될 수 없고 전결 대상도 될 수 없습니다. 조직도를 보면 이 사실을 알 수 있습니다. 조직도에서 선은 개인에게 가지 않습니다. 항상 대표이사부터 말단 부서장까지만 선이 연결됩니다. 부서원은 그냥 말단 부서장 아래에 목록으로 나타납니다.

그런데 부서원이 위임전결 대상이 될 때도 있습니다. 주로 지원 부서의 부서원입니다. 예를 들어 영업팀 팀원이 해외 출장을 가려고 출장 신청을 하려고 합니다. 교통비나 숙박비, 일비 같은 것은 내부 규정에 따라 신청해야 합니다.

그런데 영업팀 팀원이 이런 내부 규정을 잘 몰랐거나 헷살려서 규정을 초과한 금액을 썼습니다. 영업팀장도 출장비 규정을 잘 모릅니다. 그래서 결재 라인에 재무팀을 추가합니다. 이때 재무팀장이 직접 출장신청서를 들여다볼 수 있지만 이렇게 해서는 재무팀장 일이 너무 많습니다. 게다가 출장신청서에서 봐야 할 것은 단순히 규정 준수 여부가 다입니다. 그래서 재무팀장은 재무팀의 팀원이 출장신청서를 '확인'하고 '판단'하는 일을 위임하고 전결권을 줍니다. 이렇게 하기로 CEO의 동의를 얻고 위임전결 규정에 포함합니다.

이제 재무팀의 팀원은 출장신청서를 확인하고 판단하는 일을 해야 하며, 이 일을 잘못하면 자기가 책임을 질 수 있습니다. 현업 부서에서 지원 부서 사람들이 자기가 부서장인양 깐깐하게 군다고들 얘기하는 이유가 여기에 있습니다.

재무팀 팀원이 김 대리라고 해보겠습니다. 김 대리는 원래 출장신청서와 규정을 화면에 같이 띄우고 눈으로 보면서 출장비신청서 내용과 규정을 확인하고 규정 준수 여부를 판단했습니다. 이 업무를 하루에 평균 10건 처리합니다. 한 건당 평균 3분 걸립니다. 하루 30분, 한 주에 150분입니다. 대강 2시간이라고 하고 1년에 휴가 명절 빼고 50주라고 했을 때 100시간입니다. 사무직의 시간당 비용이 2만 원이라고 보면 200만 원입니다. 전국 지점 10곳에서 똑같이 하고 있다고 해보겠습니다. 2,000만원 원입니다.

이런 '확인'과 단순한 '판단' 업무는 이제 로봇이 대신합니다. 움직이고 물건 나르는 로봇이 아니라 소프트웨어 로봇입니다. 소프트웨어 로봇으로 가장 많이 사용되는 것이 RPA Robotic Process Automation입니다. RPA는 컴퓨터상의 비즈니스 프로세스를 자동화하는 기술입니다. 사람의 반복적이고 규칙적인 작업을 로봇 또는 소프트웨어 봇으로 대체합니다. 출장신청서에서 수치를 읽고 미리 정해진 규정의 수치와 비교해서 확인하고 판단하는 일이 가능합니다. 반복적인 작업이 많은 금융권과 물류기업에서 상당한 업무가 RPA로 자동화되고 있습니다.

실제로 은행에서는 직원이 다수의 고객에게 송금할 때 RPA를 사용합니다. 기존에는 직접 고객별로 송금 작업을 했습니다. 하지만 이제는 송금 리스트를 이메일로 RPA에게 보내면 RPA가 하루 종일 송금을 합니다. 자동차 대출에 필요한 자동차등록증도 RPA가 알아서 찾아서 보내줍니다. RPA가 업무 자동화에 중요한 역할을 하고 있는 겁니다.

그런데 문제는 RPA가 '확인'은 잘하지만 '판단'까지 잘하는 건 어려울 수 있습니다. 그래서 판단이 필요한 작업에는 아직 사람이 개입되어 있습니다. 여기서 오해가 있습니다. 판단의 수준이 어느 정도에서부터 사람이 개입하느냐 하는 겁니다. 판단이 필요하다고 사람이 다 필요한 건 아닙니다. 예를 들어 출장신청서의 금액이 규정 금액보다 적다고 하는 것은 판단이 아니라 확인입니다. 출장신청서를 승인할 건지 여부가 판단입니다. 그런데 만약 사람조차도 매뉴얼에 따라 출장신청서를 승인할지 말지 판단한다면 이것도 RPA가 할 수 있는 것 아닐까요? 기업이 여윳돈을 주식에 투자하고자 했을 때 어느 종목을 얼마나 언제 살지 사람 대신 RPA 같은 소프트웨어가 대신할 수 있지 않을까요? 로보 어드바이저나 퀀트 투자로 이미 적용되어 있습니다. AI와 데이터를 기반으로 사람처럼 판단하는 겁니다.

RPA가 자동화에 초점을 맞춘 것은 맞지만 RPA에 AI를 더해서 IPA Intelligent Process Automation란 개념도 각광받고 있습니다. RPA의 확장된 형태로 사람의 판단이 필요한 영역에서 AI가 사람을 대신하는 겁니다. 출장신청서에 어떤 것은 규정에 일치하고 어떤 것은 규정에 한참 못 미치고 어떤 것은 규정에 아슬아슬한 정도라고 했을 때 사람은 상황을 종합해서 판단하려고 합니다. 이걸 AI가 대신할 수 있습니다.

재무팀 김 대리에게로 돌아가보겠습니다. 김 대리는 자기가 위임받은 출장신청서 확인과 판단 업무를 RPA나 IPA에게 넘겨줘야 합니다. 이런 일이 전사에서 수십, 수백 명이 수만, 수십만 시간을 들이는 일이라면 당연히 전사 차원에서 자동화하려고 합니다. 김 대리는 회사가 만든 RPA나 AI를 쓰기만 하면 됩니다. 하지만 이 업무에 대한 책임과 권한은 여전히 김 대리에게 있습니다. 만약 RPA나 AI가 잘못된 판단을 내린다면 그 책임은 김 대리에게 있을 수 있습니다.

이 문제를 해결하기 위해서 기업은 별도의 IT 부서를 두고 책임을 IT 부서에 넘깁니다. IT 부서는 외주에 업무를 맡기고 책임을 외주에 넘깁니다. 이런 식으로 IT가 발전해 왔기 때문에 IT에 책임을 묻는 일은 점점 어려워지고 IT의 문제는 일상에서 자주 있는 문제로 치부되었습니다.

그런데 IT가 AI를 필두로 해서 인간의 판단 영역을 넘보고 있는 상황에서 책임 소재를 다른 데로 넘기기는 점점 어려워지고 있습니다. 김 대리는 IT 부서가 만든 AI에게 판단을 넘기면서 책임도 IT 부서에 넘기려고 할 겁니다. 하지만 IT 부서는 AI의 판단에 더는 책임을 질 수 없습니다. 그 이유는 두 가지입니다.

첫째, 생성형 AI의 판단을 IT 부서가 보증할 수 없습니다. 사용자가 판단을 요청했을 때 생성형 AI는 그때 그때 다른 판단을 내릴 수 있습니다. 어떤 때는 출장신청서를 결재해도 좋다고 하고 어떤 때는 결재하면 안 된다고 할 겁니다. IT 부서가 생성형 AI를 제공했다고 해서 판단의 책임까지 질 수는 없습니다. 물론 AI의 반응 속도가 느리거나 접속이 잘 안 되거나 로그인 장애가 생겼거나 하면 IT 부서가 책임질 겁니다. 하지만 AI의 판단은 전적으로 해당 사용자 부서에 있습니다.

둘째, 김 대리가 스스로 AI를 만들어서 사용해야 하기 때문에 IT 부서가 보증할 수 없습니다. ChatGPT 유료 버전에서는 나만의 GPT를 만들 수 있는 GPTs 기능이 있습니다. 여기에 출장규정을 올려놓고 출장신청서 내용을 추가하고 질문하면 AI가 출상규성에 맞게 출장신청서 내용을 확인하고 결재 여부를 판단할 수 있습니다. RPA랑 연결하면 출장신청서가 전자결재로 등록되는 순간 RPA가

● 특정 지식을 가진 나만의 챗봇을 만들 수 있다.

김 대리의 GPT에게 물어보고 판단을 얻어 결재하거나 반려합니다. 이건 김 대리가 자기 업무를 위해 선택하고 만들고 작동하는 것이 므로 김 대리의 책임입니다.

팀원이 생성형 AI를 사용해서 자기만의 AI를 만들어 판단을 허 용하면 그 AI의 판단에 관한 책임은 팀원에게 있습니다. 팀원에게 로 간 책임은 결국 IT 부서가 아닌 사용자 부서의 부서장 책임으로 돌아갑니다. 팀장은 팀원이 사용하는 AI의 판단에 책임을 져야 한 다는 것에서 괴리감이나 당혹감을 느낄 수 있습니다.

김 대리가 아예 손을 떼고 출장신청서 결재 자체를 AI가 대신한 다면 어떻게 될까요? 팀 업무에 사람 팀원이 아니라 AI 팀원이 투입 되는 겁니다. AI가 팀원이 될 수 있다는 말입니다. 실제로 RPA를 도 입한 기업에서 RPA를 잘 쓰는 사람들은 RPA를 알 대리로 부르기도 합니다. 인형에 이름을 지어주고 쓰다듬어 주는 것처럼 RPA 로봇을 사람처럼 의인화하여 대하는 것이 이상한 일만은 아닙니다. AI 팀원이 완전히 말이 안 되는 건 아닙니다.

팀원이 AI를 만들어 활용하는 것이 AI 팀원을 의미하지는 않습니다. 하지만 팀장이 팀원에게 확인과 판단 업무를 맡겼는데 팀원이 그걸 모두 AI에게 넘겼다면 결국 팀장이 AI 팀원에게 일을 준 것과 같습니다.

팀원이 AI에게 확인과 판단을 맡기는 것처럼 팀장도 AI에게 확인과 판단을 맡길 수 있습니다. 위임전결 규정에 대결이 있습니다. 기존 결재권자가 휴가나 사임 등의 이유로 결재를 할 수 없을 때 그 직무를 대리하는 사람이 대신 결재하는 겁니다. 상급 부서장이 대결할 때도 있고 옆 부서장이 대결할 때도 있습니다. 이때 대결하는 사람은 해당 결재 내용에 대해 원 결재자만큼 알 수 없습니다. 그러니 대결자가 결재를 했다고 해서 대결자가 모든 책임을 지는 것은 아닙니다. 대결자에게 대결을 맡긴 사람 또는 대결 규정을 승인한 CEO나 이사회가 책임을 져야 합니다.

AI에게 확인과 판단을 맡기는 것을 일종의 대결로 본다면 이와 관련한 규정이 있어야 팀장이 책임에서 어느 정도 벗어날 수 있습니다. 위임전결 규정에 어떤 식으로든 AI의 역할이 포함되어야 하고 명문화해서 CEO나 이사회의 승인을 받아야 팀장과 팀원이 모두 AI를 제대로 활용할 수 있습니다.

팀원이 AI를 사용한다는 것은 단순히 엑셀 같은 도구를 쓰는 것을 넘어 새로운 인공지능 팀원이 팀에 들어오는 것과 같습니다. AI를 팀원으로 받아들이지 않으면 생각지 못한 많은 문제가 팀에 일어납니다. 굳이 비유하자면 반려견 같은 겁니다. 같이 사는 큰 자식이 집에 귀여운 강아지를 데려왔을 때 부모는 어떻게 해야 할까요? 막는다고 막아지면 다행이지만 자식 이기는 부모는 없습니다. 자식이 데려온 강아지는 결국 부모가 밥 주고 변 치우고 산책시키고 해야 합니다. 그러다 정이 들면 유아차에 태우고 안고 다니고 말도 시키고 사람처럼 대우하기 시작합니다. 강아지는 어느새 가족의 일원이 되어 있습니다. 그리고 부모는 어느 날부터 적잖은 일에 대해 강아지에게 의견을 묻기 시작합니다.

AI를 팀원으로 인정하든 안 하든, AI를 결재 라인에 넣든 안 넣든 결국 모든 조직은 AI와 일하게 됩니다. 컴퓨터가 나왔을 때 업무에 받아들일지 말지 고민하는 동안 이미 컴퓨터는 업무에 스며들었습니다. 스마트폰이 나왔을 때 나는 전화로만 쓰겠다 한들 이미 팀 회의에 들어온 모든 사람 손에 들려 있습니다. AI가 팀원으로 스며들 것을 인정한다면 지금부터 팀장은 AI가 팀원이 될 수 있다고 인정하고, AI가 팀원이라면 성과가 얼마나 더 나올지, 어떻게 하면 더 성과가 나올지, 어떤 문제나 트러블이 발생할지 고민하는 게 더 낫지 않을까요?

팀 회의와 AI

팀장에게 회의는 일상입니다. 팀 주간회의, 업무 회의, 상위 부서 회의, 월간 경영 회의, 고객 미팅 등 하루가 회의로 시작해서 회의로 끝나곤 합니다. 팀장뿐 아니라 팀원도 회의가 많습니다. 회의에 지친 팀원은 회의를 필요악이라고 합니다. 회의는 적으면 적을수록 좋다고 합니다. 하지만 팀장이 되면 회의를 늘리면 늘렸지 줄이진 않습니다.

회의가 오죽 많으면 회의문화 개선 프로젝트가 끊이질 않고 이어집니다. 회의의 효율을 높이고 회의 참가자의 만족도도 제고하기 위해 수많은 가이드라인이 만들어집니다. 예를 들면 이렇습니다.

- 회의 참석 인원은 관련 필요인력으로 최소화하기

- 회의는 짧고, 간단하게 하고 회의 시간에 타이머 사용하기
- 회의 결과는 회의록으로 작성해서 공유하기

어느 기업은 회의 원칙 1-1-1을 정했다고 합니다.

- 회의자료와 의제를 1일 전에 공유하기
- 회의시간은 최대 1시간 이내로 하기
- 회의 종료 1일 이내에 회의록 공유하기

어떤 기업은 3단계 회의 프로세스를 정했답니다.

1. [회의 전] 반드시 회의 1주일 전에 공지
2. [회의 중] 정시 참석, 정해진 시간 내 종료
3. [회의 후] 반드시 회의 다음 날까지 회의록 공유

회의 문화 개선 내용을 보면 회의 한 건 한 건을 어떻게 하는지에 관한 얘기가 많습니다. 전사 관점에서는 회의가 한 건 한 건이지만, 팀장의 회의란 것은 한 건 한 건이 아닙니다. 정기적이고 주기적인 연속 회의입니다. 팀장은 지난주에 팀 회의를 했고 이번 주에도 팀 회의를 했고 다음 주에도 팀 회의를 합니다. 회의는 연속성을 띠고 합니다. 예를 들어 회의 때 팀장은 이런 말을 자주 합니다.

- "제가 지난주에 지시하지 않았나요?"
- "제가 여러 번 말했을 텐데요?"
- "매번 회의 때마다 이러면 곤란합니다."
- "이건 다음 주에 다시 봅시다."
- "이건 다음 달에 별도로 다시 날 잡아 보고하세요."

정기적이고 주기적이고 연속적인 팀장의 회의에서 팀장이 챙겨야 할 것은 회의를 미리 공지하는 게 아닙니다. 회의 시간을 1시간 이내로 맞추는 것도 팀장의 역할이 아닙니다. 팀장은 관리자이므로 회의에서 팀장의 역할은 연속성을 가지게 하는 겁니다. 지난주에 계획을 승인하고 이번 주에 진척 상황을 관리하고 다음 주에 성과를 측정하는 겁니다. 여기에 가장 필요한 것은 바로 회의록입니다.

팀장에게 회의록은 매우 중요합니다. 하지만 정작 회의록을 적는 사람은 팀장이 아닙니다. 팀원입니다. 그것도 대부분 막내 팀원이 적습니다. 막내 팀원이 회의록을 얼마나 잘 쓰겠습니까? 그저 회의에 나온 얘기를 받아 적느라 급급합니다.

회의 때 팀장은 의견, 조언, 결정, 지시를 말로 합니다. 그걸 글로 제대로 적어서 남기고 공유하고 다음 회의 때 참고해야 합니다. 그런데 팀장이 회의록을 안 챙기거나 못 챙깁니다. 그 이유는 간단합니다. 팀장이 말을 하느라 글을 쓸 여유가 없기 때문입니다.

그런데 이제 상황이 달라졌습니다. 팀장이 말을 하면 자동으로 말이 글이 됩니다. 예를 들어 MS 워드에는 받아쓰기 기능이 있습니다. 이 기능을 켜고 말을 하면 실시간으로 말이 텍스트로 바뀝니다. 이런 Speech to Text 기술은 이제 아주 흔합니다.

네이버에서 제공하는 CLOVA Note 서비스(https://clovanote.naver.com/)는 회의 내용을 기록하는 좋은 Speech to Text 서비스입니다. 참석자를 추가하고 음성 기록을 첨부하거나 녹음을 시작하면 됩니다.

● CLOVA Note 시작하기

녹음파일을 텍스트로 바꿀 뿐 아니라 사람별로도 대화를 나눠줍니다.

● CLOVA Note는 사람별로 대화를 나눠 준다.

게다가 녹음한 내용을 요약도 합니다.

● CLOVA Note는 대화 내용을 요약해 준다.

코로나 때 많이 사용한 ZOOM도 Speech to Text 기술을 적용해서 라이브 캡션으로 서비스합니다. 화상회의를 할 때 말을 텍스트로 실시간으로 바꿔줍니다.

● ZOOM도 화상회의 때 대화를 텍스트로 바꿔준다.

생성형 AI 모델인 코파일럿이 적용된 Teams에서는 화상회의 녹화 내용을 요약해달라고 하거나 회의 내용에 대해 질문도 할 수 있습니다. 채팅에서 주요 내용을 달라고도 할 수 있습니다. 예를 들어 팀장이 한 말 중에서 지시사항만 뽑아달라는 것도 가능합니다. 의사결정한 내용만 정리해달라고 하는 것도 가능합니다. 발췌하거나 요약을 하고 나면 원래 대화를 출처로 확인할 수도 있습니다. 회의 동영상의 특정 시점으로 재생할 수 있도록 연결도 가능합니다.

● MS-Teams도 대화 내용을 텍스트로 바꾸고 요약하고 질문할 수 있다.

Teams나 ZOOM 등은 회의 기록을 클라우드 등에 계속 남기기 때문에 과거 회의 기록에서 내용을 찾거나 여러 회의에서 내용을 종합하는 것도 가능합니다. 지지난주 회의와 지난주 회의에서 이번 주에 논의하기로 한 주제를 알려달라고 하는 것도 가능합니다. 회의의 모든 내용에 연속성과 일관성을 줄 수 있다는 말입니다.

이렇듯 회의의 모든 대화를 텍스트로 기록할 수 있고 AI가 자동으로 요약하고 정리한다면 회의 원칙이나 프로세스가 좀 바뀌어야 합니다. 회의 원칙 1-1-1은 다음과 같이 바뀌어야 합니다.

- 회의자료와 의제, AI의 지난 회의 요약을 1일 전에 공유하기
- 회의시간은 1시간 이내로 하며 AI와 소통하며 회의하기
- 회의 종료 즉시 AI 회의록 요약하고 확인하기

3단계 회의 프로세스는 다음과 같이 바뀌어야 합니다.

1. [회의 전] 반드시 회의 1주일 전에 AI의 지난 회의 요약을 포함하여 공지
2. [회의 중] 정시 참석, 정해진 시간 내 종료, AI 사용
3. [회의 후] 반드시 AI의 요약 회의록 확인

앞에서 팀장이 회의 중에 하는 말을 다시 보겠습니다. AI가 적용되기 전과 후는 많이 다릅니다.

- [AI 적용 전] "제가 지난주에 지시하지 않았나요?"
  - ▷ [AI 적용 후] "여기에 AI가 지난주 회의 때 제 지시 사항을 요약한 게 있습니다."

- "제가 여러 번 말했을 텐데요?"
  - ▷ "제가 그걸 언제 어디서 몇 번 말했는지 AI가 표로 정리한 게 여기 있습니다."
- "매번 회의 때마다 이러면 곤란합니다."
  - ▷ "지금까지 당신이 한 말을 AI가 다 정리한 게 여기 있습니다."
- "이건 다음 주에 다시 봅시다."
  - ▷ "AI가 다음 주 회의 공지 때 이 내용을 같이 공지할 겁니다."
- "이건 다음 달에 별도로 다시 날 잡아 보고하세요."
  - ▷ "AI가 계속 이 건에 대해 당신이 언제 보고할지 저한테 일깨워줄 겁니다."

팀 회의에 AI는 자연스럽게 스며들 겁니다. 문제는 상위 부서 회의나 고객 미팅입니다. 이건 상위 부서장이나 고객이 동의하지 않으면 안 됩니다. 국회와 같은 중요 공공기관은 회의 내용 자체를 토씨 하나 빠지지 않고 똑같이 기록하게 되어 있습니다. 하지만 회사가 회의 내용을 모두 기록한다는 것은 쉬운 일이 아닙니다. 개인정보보호 위반 문제도 있고, 자유로운 의견을 내거나 소통하는 데에 지장을 줄 수도 있기 때문입니다. 회의 중에 개인 신상 얘기나 스몰토크를 할 때도 있기 때문입니다.

그렇다면 회의의 전부를 기록할 필요는 없습니다. 회의 시작 때

스몰 토크나 아이스 브레이킹을 하고 나서 본론에 들어갈 때부터 기록하면 됩니다. 오히려 이렇게 회의를 비기록용, 기록용으로 나눔으로써 참가자가 회의에 더 집중하게 만드는 효과도 있습니다.

어떤 식으로든 회의에 AI는 들어옵니다. 지금까지는 회의 프로세스에서 기록과 관련한 AI의 역할을 설명했습니다. 하지만 AI가 팀원으로 참가하는 것도 가능합니다. 예를 들어 최근에 개발한 신제품, 만두의 이름을 짓는 회의를 예로 들어보겠습니다. 이 제품의 특성은 다음과 같습니다.

얇은 만두피에 당면, 부추 등으로 속을 조금 채워 납작하게 구워낸 만두다. 피가 더 맛있는 만두를 만들기 위해 만두피에 힘을 줬다. 옥수수 가루와 찹쌀 가루, 감자 가루를 황금비율로 섞어 바삭하고 쫄깃한 식감을 살렸고 양파와 마늘 후레이크로 고소하고 풍부한 감칠맛을 더했다. 동봉된 특제소스를 곁들이면 더욱 맛있게 즐길 수 있다. 기존 군만두와 달리 얇고 납작해 프라이팬에 1~2분만 구워내면 완성할 수 있다.

이제 팀장은 팀원에게 이 제품에 적절한 이름 아이디어를 물어볼 겁니다. 한 명씩 돌아가며 대답할 수도 있고 아무나 먼저 대답할 수도 있을 겁니다. 그런데 만약 AI가 먼저 대답을 한다면 어떨까요? 예를 들어 ChatGPT에게 제품의 특성을 주고 이름을 달라고 하는 겁니다.

🧑 다음은 신제품 만두의 특성이다. 특성을 고려해서 상품명을 제시해줘. 얇은 만두피에 당면, 부추 등… (중략) 1~2분만 구워내면 완성할 수 있다.

🤖 신제품 만두의 특성을 고려하여 상품명을 제안드리겠습니다. 이 만두는 얇은 만두피와 바삭한 식감, 고소한 맛이 특징이며, 특제 소스와 함께 즐길 수 있는 점을 강조하는 것이 좋겠습니다. 만두의 식감과 맛, 그리고 빠르고 간편하게 준비할 수 있는 점을 반영하여 다음과 같은 상품명을 제안드립니다 :

- "바삭황금 납작만두"
- "골든크리스피 군만두"
- "초스피드 얇촉만두"
- "풍미가득 부추당면 만두"
- [중략]

이 상품명들은 만두의 바삭하고 쫄깃한 식감, 빠르고 간편한 조리 방법, 그리고 특별한 맛을 강조하면서 소비자들의 관심을 끌 수 있을 것입니다.

실제 이 제품은 청정원의 '납작바삭만두'다. 회의에서 아이디어를 낼 때 흔히 브레인스토밍 같은 방법을 사용합니다. 하지만 백지에서 새로운 아이디어가 나오기는 정말 어렵습니다. 무턱대고 팀원에게 아이디어를 내라고 하면 아무것도 없는 상태에서 아이디어를

내는 팀원은 거의 없습니다. 하지만 누군가 어떤 아이디어를 얘기하기 시작하면 그 다음엔 모방, 대비, 대조, 참조, 비교, 유비, 유추 등의 방법으로 기존 아이디어에서 확장하거나 새로 아이디어를 낼 수 있습니다. AI가 브레인스토밍의 물꼬를 틀 수 있다는 말입니다.

AI는 회의의 시작에서부터 내용을 기록하고 요약하는 등 상당히 많은 일을 할 수 있습니다. 이런 AI를 회의에 활용할지 여부는 회사의 방침에 따라 결정될 수 있지만 어떤 식으로든 AI는 회의에 들어옵니다. 팀장이 쓰지 않더라도 팀원이 노트북을 가져와서 AI에게 몰래 물어보면서 자기 아이디어인양 대답할 것이기 때문입니다. 팀장이 지난주에 말했다고 따지면 팀원은 지난주 회의 내용을 인용하며 팀장이 잘못 알고 있다고 지적할 겁니다. 막내부터 AI를 써서 회의록 작성을 자동화할 겁니다. 팀장이 AI를 회의에 적용할지 말지 선택은 자유지만 선택과 관계없이 이미 AI는 들어오고 있습니다.

팀원 코칭과 AI

요즘 팀장은 코칭을 잘해야 합니다. 팀장이 곧 코치라고도 얘기합니다. 팀원에게 잘 질문하고 잘 경청하는 게 참 중요합니다. 그런데 기록도 중요합니다. 팀원과 면담한 내용을 다이어리나 코칭 노트에 열심히 적습니다. 그런데 AI 시대에 이렇게 펜으로 종이에 기록하는 것이 맞을까요?

재미있는 사례를 먼저 얘기해 보겠습니다. 김 팀장이 박 대리와 월간 면담을 하고 있습니다. 김 팀장이 물었습니다.

"요즘 업무량이 어때요? 좀 많나요?"

박 대리가 대답했습니다.

"네? 아, 괜찮습니다."

김 팀장은 다이어리에 '업무량 적절'이라고 적었습니다.

다음 달이 되었습니다. 김 팀장은 박 대리와 또 월간 면담을 했습니다. 이번에는 박 대리가 먼저 말을 꺼냈습니다.

"팀장님, 저 퇴사하겠습니다."

김 팀장은 깜짝 놀라며 물었습니다.

"아니, 왜요? 갑자기 왜?"

박 대리가 대답했습니다.

"일이 너무 많습니다. 일에 치여 죽을 것 같습니다."

김 팀장은 다이어리에서 지난달 면담 기록을 찾았습니다. 거기에는 '업무량 적절'이라고 적혀 있었습니다. 김 팀장이 다시 물었습니다.

"아니, 박 대리님이 지난달만 해도 업무량이 적절하다고 하지 않았나요? 괜찮다고 얘기했잖아요."

박 대리는 한숨을 쉬며 대답했습니다.

"그때도 일이 엄청 많았습니다. 하지만 제가 버틸 수 있을 정도라고 생각했습니다. 그런데 일이 계속 늘어나기만 하고…"

노부모에게 건강을 물었더니 괜찮다고 대답한다고 괜찮다고 믿으면 안 됩니다. 괜찮은 구간의 양 극단에 있어도 노부모는 괜찮다고 말하기 때문입니다. 팀원과 면담할 때 팀원이 '괜찮습니다', '별거 아닙니다', '할 만합니다' 같은 말을 자주 합니다. 팀원은 괜찮음의 끝단에 있을 때도 '괜찮다'고 대답합니다. 오늘까지는 괜찮지만 내일은 한계선이나 임계점을 넘을 수 있습니다.

이건 찻잔의 물로도 설명할 수 있습니다. 찻잔에 물이 차오르는 동안에는 물이 넘치지 않습니다. 10%가 차 있든, 50%가 차 있든, 100%가 차 있든 마찬가지입니다. 그러다 어느 순간이 되어 물 한방울을 떨어뜨리면 물이 확 넘칩니다.

찻잔에서 물이 넘치지 않게 하려면 물이 얼마나 차는지 지켜봐야 합니다. 미리 일정한 기준을 정해서 기준을 넘어가면 조치를 취해야 합니다. 물이 99% 찼다면 더는 물을 부어서는 안 됩니다.

현황과 변화를 항상 주시하고 일정 기준을 정해서 기준을 넘는지 보는 것은 팀원 면담에서도 매우 중요한 일입니다. 팀원이 괜찮다고 하는 대답으로 끝낼 일이 아닙니다.

팀원의 현황과 변화를 주시하는 방법으로 팀원의 업무량을 계량하는 방법이 있습니다. 그런데 업무량은 업무에 따라서 다르고 하는 사람에 따라서도 다릅니다. 찻잔에 물이 절반 차 있는 것을 보고 어떤 사람은 절반이나 차 있다고 하고 어떤 사람은 절반밖에 안 차 있다고 하는 것과 같습니다. 중요한 것은 절대적인 기준이 아니라 상대적인 기준, 즉 현황과 변화입니다.

현황과 변화를 알기 위해서는 "요즘 업무량이 어때요? 좀 많나요?"라고 주관식으로 묻지 말고 정확히 어느 정도인지 객관식으로 묻는 것이 좋습니다.

● **이번 달 업무량은 어느 정도였나요?**
　① 업무량이 매우 적음
　② 업무량이 조금 적음

③ 업무량이 적절함

④ 업무량이 조금 많음

⑤ 업무량이 매우 많음

이와 같은 방식으로 팀원에게 객관적으로 묻고 결과를 엑셀로 정리합니다.

번호	설문	보기	1월응답	2월응답	3월응답	4월응답
1	이번 달 업무량은 어느 정도였나요?	①업무량이 매우 적음 ②업무량이 조금 적음 ③업무량이 적절함 ④업무량이 조금 많음 ⑤업무량이 매우 많음	3	3	3	2
2	이번 달 업무 만족도는 어느 정도인가요?	①업무 만족도가 매우 낮음 ②업무 만족도가 조금 낮음 ③업무 만족도가 보통 ④업무 만족도가 조금 높음 ⑤업무 만족도가 매우 높음	4	4	4	4
3	이번 달 팀 내 동료와 관계는 어떤가요?	①팀 내 통료와 관계가 매우 나쁨 ②팀 내 통료와 관계가 조금 나쁨 ③팀 내 통료와 관계가 보통 ④팀 내 통료와 관계가 조금 좋음 ⑤팀 내 통료와 관계가 매우 좋음	3	3	3	3

● 간단한 팀원 설문 결과

엑셀 파일을 가장 잘 분석하는 AI는 ChatGPT의 유료 계정에서 사용할 수 있는 Data Analyst입니다. Data Analyst에 엑셀 파일을 올려서 분석을 요청합니다.

나는 팀장이다. 이 파일은 팀원 8명을 매월 면담한 결과를 기록한 엑셀 파일이다. 팀원당 시트 하나씩이다. 분석해줘.(가상_면담

기록.xlsx)

 업로드하신 '가상_면담기록.xlsx' 파일을 분석하기 위해 먼저 파일의 내용을 살펴보겠습니다. 이를 위해 파일을 열어 각 시트의 구조와 데이터 종류를 확인하겠습니다. 잠시만 기다려 주세요.

[중략]

분석 예시로, 각 팀원별로 질문 1에 대한 월별 응답 평균, 질문 2에 대한 월별 응답 평균, 그리고 질문 3에 대한 월별 응답 평균을 계산할 수 있습니다. 이러한 분석을 통해 팀원들의 업무량 인식, 업무 만족도, 그리고 동료와의 관계 인식이 시간에 따라 어떻게 변화하는지 이해할 수 있습니다.

[중략]

각 팀원별로 업무량 인식, 업무 만족도, 그리고 동료와의 관계에 대한 평균 응답을 분석한 결과는 다음과 같습니다 :

팀원	업무량 인식 평균	업무 만족도 평균	동료와의 관계 평균
김철수	3.0	3.6	3.0
김영희	3.6	3.9	2.6
이철수	2.9	3.0	3.4
박영수	3.5	3.5	3.3
최영미	2.8	4.0	2.5
정철호	2.6	3.4	3.0
한영철	3.1	3.5	2.6
조영진	3.3	3.9	3.1

분석 결과를 통해 다음과 같은 인사이트를 얻을 수 있습니다 :

- **업무량 인식** : 대부분의 팀원이 업무량을 적절하게 느끼는 것으로 보입니다. 김영희는 다소 높은 업무량을 느끼는 반면, 정철호는 상대적으로 낮은 업무량을 느낍니다.
- **업무 만족도** : 대체로 팀원들의 업무 만족도는 높은 편입니다. 특히 최영미의 업무 만족도가 가장 높으며, 이철수의 만족도가 상대적으로 낮습니다.
- **동료와의 관계** : 대부분의 팀원이 동료와의 관계를 긍정적으로 평가하고 있으나, 김영희와 최영미, 한영철의 평균 점수가 다소 낮아 이들의 팀 내 관계 개선이 필요할 수 있습니다.

이러한 분석은 팀원들의 업무와 관계에 대한 인식을 이해하고, 필요한 경우 개선 조치를 취하는 데 도움이 될 수 있습니다. 추가 분석이 필요하거나 특정 부분에 대해 더 자세히 알아보고 싶으시면 알려주세요.

AI가 면담 기록을 이해하고 평균을 낸 다음 몇 가지 인사이트를 찾아줍니다. 여기서 동료와의 관계에 대해 AI가 제안을 합니다. 팀원 대부분이 동료와의 관계를 긍정적으로 평가하고 있지만, 김영희, 최영미, 한영철의 평균 점수가 다소 낮아 이들의 팀 내 관계 개선이 필요하다고 제안을 합니다. 이 부분을 AI에게 더 분석해 달라고 해보겠습니다.

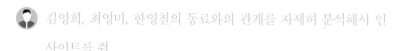

김영희, 최영미, 한영철의 동료와의 관계를 자세히 분석해서 인사이트를 줘.

김영희, 최영미, 한영철의 '동료와의 관계'에 대해 자세히 분석하기 위해, 각 월별 응답을 살펴보겠습니다. 이를 통해 이들이 어떤 시기에 동료와의 관계에 어려움을 겪었는지, 그리고 관계가 좋지 않았던 구체적인 시기를 파악할 수 있습니다. 분석 후에는 관계 개선을 위한 인사이트를 제공하겠습니다.

먼저, 김영희, 최영미, 한영철의 각 월별 '동료와의 관계'에 대한 응답 데이터를 추출하겠습니다.

김영희, 최영미, 한영철의 '동료와의 관계'에 대한 월별 응답은 다음과 같습니다 (응답이 없는 경우는 None으로 표시) :

월	김영희	최영미	한영철
1월	1	2	3
2월	2	2	3
…	…	…	…

분석을 통해 얻은 인사이트는 다음과 같습니다 :

- **김영희** : 7월에 '동료와의 관계' 점수가 5로 최고점을 기록했으며, 이는 김영희가 그 달에 동료와의 관계에서 긍정적인 경험을 했음을 시사합니다. 반면, 1월과 5월에는 1점으로 가장 낮은 점수를 받았습니다. 이는 해당 시기에 동료와의 관계에 어려움을 겪었을 수 있음을 나타냅니다.

- (중략)

인사이트 및 개선 제안 :
- **김영희** : 김영희가 동료와의 관계에서 겪었던 어려움의 원인을 파악하고, 7월과 같이 긍정적인 경험을 재현할 수 있는 방안을 모색해야 합니다. 팀 빌딩 활동이나 소통 강화 프로그램을 통해 동료와의 관계를 개선할 수 있을 것입니다.

(이하 생략)

인사이트를 더 요청하거나 이번 달 면담 질문 같은 것을 달라고 해도 좋습니다.

최영미에게 질문할 때 기존 면담 기록을 갖고 구체적인 근거를 제시하면서 질문하고 싶다.

최영미 팀원과의 면담에서 기존 면담 기록을 근거로 구체적인 질문을 하고자 한다면, 면담 기록에서 확인된 패턴, 특정 응답, 또는 변화를 직접 언급하면서 질문을 구성할 수 있습니다. 이를 통해 면담을 더 목적에 맞게 집중시키고, 특정 이슈에 대한 심층적인 대화를 이끌어낼 수 있습니다. 아래는 이러한 접근 방식을 반영한 질문 예시입니다 :

구체적 사례 언급

"지난 4월 면담 기록을 보면 동료와의 관계에서 4점을 기록하셨습니다.

이 시기에 동료와의 긍정적인 상호작용이 있었다면 구체적인 사례를 공유해주실 수 있나요?"

변화에 대한 질문

"올해 초반에 비해 최근 몇 달간 동료와의 관계 점수가 일정한 편인데, 이러한 변화가 있었던 특별한 이유가 있었나요?"

낮은 점수에 대한 질문

"과거 면담 기록에서 특히 2월과 10월에 동료와의 관계 점수가 낮게 나왔습니다. 이 두 시기에 겪었던 어려움에 대해 자세히 알려주실 수 있나요?"
(이하 생략)

추이나, 분포, 편차 등 특정한 통계적 방법을 이용해서 질문을 뽑을 수도 있습니다.

추이를 가지고 물어보고 싶다

최영미 팀원의 '동료와의 관계'에 대한 월별 응답 추이를 기반으로 질문을 구성하면, 특정 시기의 변화나 패턴을 지적하며 근본적인 원인이나 상황에 대해 더 깊이 파고들 수 있습니다. 여기서는 최영미의 월별 응답 추이를 보여주는 질문 예시를 제시합니다 :

응답 추이 관찰 질문

"저희가 기록을 살펴보니, 1월부터 4월까지 동료와의 관계 점수가 점진적으로 개선되는 추세를 보였는데, 이 기간 동안 특별히 달라진 점이 있었나요?"

특정 변화에 주목하는 질문

"7월에 동료와의 관계 점수가 갑자기 상승했습니다. 그 달에 기억에 남는 긍정적인 사건이 있었나요, 아니면 특정한 노력을 기울였나요?"

저점 및 고점 탐구 질문

"최근 몇 개월간 동료와의 관계 점수가 비교적 일정하게 유지되었는데, 이전에 비해 어떤 변화를 경험하셨나요? 특히 점수가 낮았던 시기와 높았던 시기를 비교해볼 때 어떤 차이를 느끼셨나요?"

(이하 생략)

보통 팀장은 데이터 분석을 배운 적이 없고, 배웠다 해도 잘 쓸 수 없습니다. 그래서 팀원과 면담을 할 때도 정성적인 대화를 위주로 진행하고, 특정 키워드나 맥락을 중시합니다.

하지만 회사는 어떨까요? 회사는 웬만해서는 직원을 면담하지 않습니다. 대신 설문을 통해 객관적인 데이터를 확보합니다. 조직문화 진단이나 업무 만족도 설문 같은 것을 보면 거의 대부분 정도를 묻는 정량 질문과 그 이유를 묻는 부가적인 정성 질문으로 구성되어 있습니다. 대면 없이 설문 결과만 가지고도 분석해서 팀장에게 인사이트를 제시하거나 추가적인 팀장의 일을 지시합니다.

만약 팀장이 회사처럼 설문하고 정리하고 분석할 수 있다면 어떨까요? 팀장은 팀원의 문제나 상황, 팀 내 이슈를 정성적으로 알고 있습니다. 회사보다 더 구체적이면서 직면하고 있습니다. 여기에 설문을 분석한 결과까지 덧붙이면 면담 효과를 더 기대할 수 있지 않을까요? AI가 잘하는 일이 바로 이것입니다.

AI는 간단한 평균이나 추이뿐 아니라 비교분석이나 이슈 도출도 할 수 있습니다. 팀장은 그저 엑셀 파일을 AI에게 던져주고 물어보면 됩니다.

나는 팀장이다. 이 파일은 팀원 8명을 매월 면담한 결과를 기록한 엑셀 파일이다. 팀원당 시트 하나씩이다. 이 자료를 분석해서 11월에 팀원과 면담해야 한다. 무슨 분석을 해야 하는지 구체적인 방법이나 기법을 자세히 알려줘.

이 데이터를 바탕으로 다음과 같은 분석을 진행할 수 있습니다:

- **월별 변화 분석** : 각 팀원별로 각 항목(업무량, 업무 만족도, 팀 내 관계)의 월별 변화를 분석하여, 시간에 따른 추세를 파악합니다.
- **팀원별 비교 분석** : 전체 팀원을 대상으로 각 항목의 평균 응답을 계산하여, 팀원 간 차이를 비교 분석합니다.
- **전체 팀의 평균 분석** : 전체 팀원의 각 항목에 대한 월별 평균 응답을

계산하여, 팀 전체의 추세를 파악합니다.

- **주요 이슈 도출** : 각 항목별로 평균 응답값이 낮은 경우(예 : 업무 만족도가 낮음)를 중심으로 주요 이슈를 도출하고, 해당 이슈에 대한 개선 방안을 논의할 수 있습니다.

분석을 시작하기 전에, 특정 분석에 특히 관심이 있는 항목이 있으신가요? 아니면 위에서 제안한 분석 중에서 특정 분석을 우선적으로 수행하기를 원하시나요?

AI는 대답을 할 때 사람에게 다음 행동을 제안하곤 합니다. 데이터를 분석할 때 목표나 동기에 따라 분석하는 방법이나 기법, 프로세스가 다양하기 때문입니다. 사람이 명확하게 요청하지 않으면 AI는 이렇게 여러 옵션을 제시합니다. 이건 팀장에게 매우 좋은 기능입니다.

보통 팀장은 데이터 분석 방법을 잘 모르기 때문에 처음부터 정확히 방법론이나 원하는 결과를 지정하기 어렵습니다. 때문에 일단 데이터를 AI에게 던져놓고 AI가 주는 옵션을 선택하는 것이 적절합니다. AI와 대화하면서 같이 데이터를 분석한다고 생각하면 됩니다.

 주요 이슈를 도출해줘.

 월별 평균 응답을 분석한 결과, 다음과 같은 인사이트를 얻을 수 있습니다 :

- **업무량** : 업무량에 대한 평균 응답은 대체로 '3'(업무량이 적절함) 주변에서 변동하고 있으나, 10월에는 평균 응답이 '4'(업무량이 조금 많음)로 증가했습니다. 이는 10월에 업무량이 증가했음을 시사하며, 이 시기에 업무량 관리에 대한 주의가 필요할 수 있습니다.

- **업무 만족도** : 업무 만족도는 대체로 '4'(업무 만족도가 높음) 주변에서 변동하고 있으나, 7월과 8월, 10월에는 다소 감소하여 '3'(업무 만족도가 보통)에 가까워졌습니다. 특히 10월의 업무 만족도가 가장 낮은 것으로 나타났으며, 이는 업무량 증가와 관련이 있을 수 있습니다.

- **팀 내 관계** : 팀 내 동료와의 관계에 대한 평균 응답은 전반적으로 안정적인 모습을 보이고 있으나, 1월과 3월에는 다소 낮은 평균 응답값을 보였습니다. 이는 연초와 3월경 팀 내 커뮤니케이션 또는 관계 구축에 주의를 기울일 필요가 있음을 시사합니다.

(중략)

이러한 분석을 바탕으로, 11월 면담에서는 다음과 같은 주요 이슈에 초점을 맞출 수 있습니다 :

- **업무량 관리** : 10월에 증가한 업무량에 대해 팀원들의 의견을 청취하고, 업무 부담을 줄이기 위한 방안을 논의합니다.

- **업무 만족도 향상** : 업무 만족도가 감소한 원인을 파악하고, 업무 만족도를 높이기 위한 구체적인 조치를 모색합니다.

- **팀 내 관계 강화** : 연초와 3월에 낮았던 팀 내 관계에 대해 팀원들의 의견을 듣고, 팀워크를 강화하기 위한 활동이나 소통 방안을 고민합니다.

Data Analyst의 한계 중 하나는 한글을 잘 처리하지 못한다는 것입니다. 엑셀 파일 이름이나 시트 이름 등에 들어간 한글을 특수문자로 읽을 때도 있고, 그래프를 그릴 때 한글을 표현 못해서 한글 자리를 네모로 표현할 때도 있습니다. 따라서 파일 이름이 차트에 들어갈 단어는 처음부터 영문이나 영어 축약어로 바꾸는 것이 좋습니다. 직원 이름 같은 경우는 영어 이름으로 임의로 바꾸거나 하면 개인정보 보호에도 도움이 됩니다.

팀 소통 분석과 AI

팀장이 팀원과 소통하는 채널은 다양합니다. 회의실에서 말로 소통할 때도 있고 카카오톡이나 SMS를 쓸 때도 많습니다. 하지만 조직에서 가장 중요한 소통 채널은 이메일입니다. 그렇지만 팀장이 이메일로 팀원과 어떻게 소통하는지는 분석한 적이 없습니다. 누구와 이메일을 자주 주고받는지, 무슨 요일에 메일을 많이 보내는지, 몇 시에 메일이 많이 오는지, 팀원 누가 누구와 메일을 많이 주고받는지 제대로 파악한 적이 없습니다.

그 이유는 간단합니다. 이메일을 분석하는 방법을 모르기 때문입니다. 그런데 이제 초거대언어모델이 있어서 이메일 데이터만 있으면 누구나 다양한 방식으로 분석할 수 있습니다. 예를 들어 ChatGPT의 Data Analyst에 이메일 데이터가 든 엑셀 파일을 올려

보겠습니다. 엑셀 파일의 이메일 데이터는 발송자, 수신자, 제목, 날짜로 구성되어 있습니다.

	A	B	C	D
1	발송자	수신자	제목	날짜
2	sunhanora	vitaminq42	Re: '구글 시트 자동화 예제' 스프레드시트가 공유됨	3-1-2024 19:16:29
3	drivesharesdmnoreply	vitaminq42	"구글 시트 자동화 예제"에 대한 공유 요청	3-1-2024 17:55:35
4	newsletter	vitaminq42	(광고) 🔔기업교육, 어디까지 해보셨나요? #HRD 운영	2-29-2024 14:00:30
5	choijinsuk	vitaminq42	RE: Re: Re(4): [광주과학기술원 직원 대상] 챗GPT 업	2-29-2024 9:37:17
6	an1ove	vitaminq42	방통대 인터뷰 요청	2-28-2024 14:36:35
7	gurus	vitaminq42	[3/21 구루피플스 공개교육] "Find your Story" 자기인식	2-28-2024 14:00:37
8	mis8855	vitaminq42	김철수 강사님 안녕하세요. 2가지 정도 상의 드릴 일이	2-28-2024 11:22:21
9	vitaminq42	mis8855	Re: 김철수 강사님 안녕하세요. 2가지 정도 상의 드릴 '	2-28-2024 12:22:09
10	mis8855	vitaminq42	Re: 김철수 강사님 안녕하세요. 2가지 정도 상의 드릴 '	2-28-2024 12:47:19
11	vitaminq42	mis8855	Re: 김철수 강사님 안녕하세요. 2가지 정도 상의 드릴 '	2-28-2024 13:00:29
12	mis8855	vitaminq42	Re: 김철수 강사님 안녕하세요. 2가지 정도 상의 드릴 '	2-28-2024 13:02:54
13	info	vitaminq42	999서울포럼 준비위원회에 초대합니다.	2-28-2024 10:05:44
14	marketing	vitaminq42	🌐 Data-centric AI 가이드 공개 / 3월 네트워킹	2-28-2024 9:05:48
15	ivan	vitaminq42	Notion 2.38	2-28-2024 8:30:06
16	googleplaynoreply	vitaminq42	[최종 알림] 비타민큐님: 2월 29일 전까지 Google Play	2-28-2024 4:59:54

● 이메일 예시 목록

이 파일을 GPT4의 Data Analyst에 업로드하고 분석해달라고 해보겠습니다.

🧑 올해 이메일 발송, 수신 목록이다. 내 아이디는 vitaminq42다. 분석해줘. (지메일 목록.xlsx)

🐰 분석을 시작하기 전에, 먼저 업로드하신 '지메일 목록.xlsx' 파일의 내용을 확인해보겠습니다. 파일을 열어 내용을 살펴본 후, 주요 분석 포인트들을 정리해드리겠습니다.

업로드하신 '지메일 목록.xlsx' 파일에는 다음과 같은 정보가 포함되어 있습니다 :

- **발송자** : 이메일을 보낸 사람의 이메일 주소 또는 아이디

- **수신자** : 이메일을 받은 사람의 이메일 주소 또는 아이디

- **제목** : 이메일의 제목

- **날짜** : 이메일이 발송 또는 수신된 날짜와 시간

여러분의 아이디인 'vitaminq42'를 기준으로 분석할 필요가 있습니다.
다음과 같은 분석을 수행할 수 있습니다 :

- **받은 이메일 분석** :

- **보낸 이메일 분석(해당 정보가 있을 경우)** :

- **이메일 활동 분석** :

어떤 분석을 우선적으로 진행하고 싶으신가요?

Data Analyst가 알아서 분석할 것을 제시해 줍니다. 우린 그저 다
해달라고 하면 됩니다.

 모든 분석을 진행하기 위해, 다음 단계들을 수행하겠습니다 :

(중략)

각 단계별로 분석을 진행하고 결과를 보고하겠습니다. 우선, 받은 이메
일 분석부터 시작하겠습니다.

받은 이메일 분석 결과 :

- 총 받은 이메일 수 : 166통

- 가장 많이 이메일을 보낸 발송자 상위 5명 :

  - mis8855 : 19통

  - marketing : 12통

  - choijinsuk : 10통

  - googleplaynoreply : 9통

  - smtzzang : 6통

- 일별 받은 이메일 추이 : 일별로 받은 이메일의 수는 다양하며, 특정 날짜에 이메일 수가 많이 증가하는 경향이 있습니다.

- 월별 받은 이메일 추이 :

  - 2024년 1월 : 58통

  - 2024년 2월 : 106통

  - 2024년 3월 : 2통 (3월 데이터는 완전하지 않을 수 있음)

  - (중략)

마지막으로, 이메일 활동 분석을 위해 가장 활동이 많은 시간대와 이메일 제목에 자주 등장하는 단어를 분석하겠습니다.

이메일 활동 분석 결과 :

- 가장 활동이 많은 시간대 :

  - 오전 9시부터 10시 사이가 가장 활발한 시간대로 나타났으며, 이 시간 동안 39통의 이메일이 발송되거나 수신되었습니다.

  - 이어서 오후 4시(28통), 오후 2시 및 3시 각각 26통의 이메일이

발송되거나 수신되었습니다.

- 이메일 제목에 자주 등장하는 단어 Top 10 :
    — ai (34회)
    — gpt (33회)
    — kird (11회)
    — google (9회)
    — play (9회)
    — (중략)

이 분석에서는 간단한 불용어 리스트를 사용하여 기본적인 텍스트 정제를 수행했습니다. 보다 정교한 분석을 위해서는 더욱 세밀한 불용어 처리, 어근 추출(stemming) 및 원형 복원(lemmatization) 같은 고급 텍스트 전처리 기법을 적용할 수 있습니다.

이상으로 주어진 이메일 목록에 대한 전반적인 분석을 마쳤습니다. 추가적으로 궁금하신 점이나 더 자세히 알아보고 싶은 부분이 있으시면 알려 주세요.

대답이 무척 깁니다. 한 번에 여러 분석을 했기 때문입니다. 중요한 몇 가지만 보겠습니다. 일단 간단한 통계를 냅니다. 가장 이메일을 많이 보낸 사람, 월별 받은 이메일 수, 가장 많이 이메일을 받은 사람, 월별 보낸 이메일 수 같은 것입니다. 시간 데이터가 들어있으면 기본적으로 시계열 분석을 해 줍니다.

또한 가장 활동이 많은 시간대를 알려줍니다. 메일을 몇 시에 많이 보냈고 받았는지 알려줍니다. 또한 이메일 제목에 자주 등장하는 단어 10개도 알려줍니다.

복잡한 시각화도 가능합니다. 예를 들어 나를 중심으로 메일을 주고 받은 상위 몇 명으로 산점도를 그리고, 4분면을 만들어달라고도 할 수 있습니다.

상위 10명의 산점도를 그려줘. X축은 보낸 메일수, Y축은 받은 메일수. 이메일 아이디를 차트 안에 넣고, 적절한 곳에 선을 그어서 4분면을 만들어줘

산점도에 X축과 Y축의 평균값을 기준으로 선을 그어 4분면을 만들어 보겠습니다. 이렇게 하면 각 이메일 아이디가 보낸 메일과 받은 메일의 평균에 비해 어떤 위치에 있는지 더 명확하게 파악할 수 있습니다.

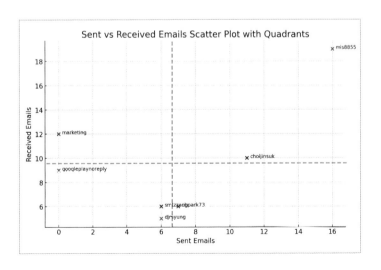

산점도 차트에 X축과 Y축의 평균값을 기준으로 한 청록색 점선을 추가하여 4분면을 만들었습니다. 이를 통해 다음과 같이 분석할 수 있습니다 :

- **제1분면 (오른쪽 상단)** : 보낸 메일과 받은 메일 모두 평균 이상인 이메일 아이디들이 위치합니다. 이 구역의 이메일 아이디들은 활발한 이메일 교환을 나타냅니다.
- **제2분면 (왼쪽 상단)** : 받은 메일은 평균 이상이지만, 보낸 메일은 평균 이하인 이메일 아이디들이 위치합니다. 이 구역의 이메일 아이디들은 주로 수신 위주의 활동을 나타냅니다.
- **제3분면 (왼쪽 하단)** : 보낸 메일과 받은 메일 모두 평균 이하인 이메일 아이디들이 위치합니다. 이 구역의 이메일 아이디들은 상대적으로 적은 이메일 교환을 나타냅니다.
- **제4분면 (오른쪽 하단)** : 보낸 메일은 평균 이상이지만, 받은 메일은 평균 이하인 이메일 아이디들이 위치합니다. 이 구역의 이메일 아이디들은 주로 발신 위주의 활동을 나타냅니다.

팀원과 주고받은 메일만 골라서 4분면을 만들어보면 누구에게 주로 메일을 보내는지, 누가 내게 메일을 주로 보내는지, 누가 나와 메일을 자주 주고받는지, 누가 나와 이메일 소통이 뜸 한지 나름의 통찰과 시사를 얻을 수 있습니다.

만약 팀원의 성과나 팀 만족도 등에 관한 데이터가 있다면 상관관계를 구해봐도 좋습니다. 메일을 많이 주고받는 것이 높은 성과와 관련 있는지 적게 주고받는 것이 낮은 성과와 관련 있는지 확인해 보는 것도 의미 있습니다.

AI를 이용하면 이런 분석을 보통 팀장도 아주 쉽게 할 수 있습니다. 그런데 여기서 문제가 하나 있습니다. 분석을 하려면 이메일 데이터가 있어야 합니다. 이메일 데이터를 엑셀로 저장하는 일이 쉽지 않습니다. 회사에서 만든 이메일 시스템이 데이터 다운로드 기능을 제공해주지 않으면 못합니다. 데이터를 다운로드 하더라도 모든 데이터를 이메일 형식으로만 저장해야 한다면 분석에 필요한 엑셀 형식으로 바꾸기가 거의 불가능합니다.

그런데 이런 이메일 데이터를 만들고 정리하는 일에도 AI를 사용하면 금방 쉽게 할 수 있습니다. 여기서는 예를 들어 지메일Gmail의 메일을 엑셀에 정리하는 것을 설명하겠습니다. 지메일은 자기 계정에서 이메일 전체를 다운로드할 수 있습니다. 하지만 본문과 첨부파일을 모두 다운로드해야 해서 목록만 엑셀로 저장할 수는 없습니다. 또한 특정 시기나 특정 발송자별로 추려내기도 불가능합니다.

하지만 구글 시트에서 앱스 스크립트Apps Script를 사용하면 10분 안에 해결할 수 있습니다. 구글 시트를 하나 열어서 확장 프로그램 메뉴에서 Apps Script를 선택합니다. 이건 MS 엑셀의 VBA와 비슷합니다. VBA 코드를 실행해서 엑셀을 자동화하는 것처럼, 구글에서는 앱스 스크립트를 사용해서 구글의 여러 서비스의 데이터 이동을 자동화할 수 있습니다.

앱스 스크립트 화면에서 코드를 입력해야 하는데, 이 코드는 ChatGPT 등에서 얻을 수 있습니다. ChatGPT에서 다음과 같이 요청하면 됩니다.

구글시트에 지메일의 받은편지함과 보낸편지함에 있는 메일 중 2024년 1월 1일 이후에 수신했거나 발송한 메일의 발송자, 수신자, 제목, 날짜를 삽입하고 싶다. 발송자와 수신자는 이름 대신 메일 주소에서 @ 앞에 있는 아이디만 적어줘. 앱스 스크립트를 짜 줘.

```javascript
function fetchEmails() {
  var sheet = SpreadsheetApp.getActiveSpreadsheet().getActiveSheet();
  var threads = GmailApp.search('after:2024/01/01');

  var data = [];
  for (var i = 0; i < threads.length; i++) {
    var messages = threads[i].getMessages();
    for (var j = 0; j < messages.length; j++) {
      var message = messages[j];
      var date = message.getDate();
      var sender = message.getFrom().match(/<(.*?)>/)[1];
      var recipients = message.getTo().split(',');
      for (var k = 0; k < recipients.length; k++) {
        recipients[k] = recipients[k].match(/<(.*?)>/)[1];
      }
      var subject = message.getSubject();

      data.push([sender, recipients.join(','), subject, date]);
    }
  }

  // 시트에 데이터 쓰기
  sheet.getRange(1, 1, data.length, 4).setValues(data);
}
```

● 구글 앱스 스크립트가 만든 자바스크립트 코드

그러면 ChatGPT가 자바스크립트 코드를 짜 줍니다. 이 코드를 복사해서 앱스 스크립트에 붙여넣고 실행하면 됩니다.

앱스 스크립트를 실행할 때는 보안 문제가 있어서 몇 가지 보안 절차를 따라야 합니다.

● 구글 앱스 스크립트를 쓰기 위해서 배포 과정이 필요하다.

실행이 완료되었다고 나온 것을 확인하고 구글 시트로 돌아가면 메일 목록이 시트에 들어온 것을 볼 수 있습니다. 이 내용을 엑셀 파일로 저장해서 ChatGPT에 업로드하면 됩니다.

	A	B	C	D
	발송자	수신자	제목	날짜
2	sunhanora	vitaminq42	Re: '구글 시트 자동화 예제' 스프레드시트가 공유됨	2024. 3. 1 오후 7:16:29
3	drivesharesdmnoreply	vitaminq42	"구글 시트 자동화 예제"에 대한 공유 요청	2024. 3. 1 오후 5:55:35
4	newsletter	vitaminq42	(광고) 📢기업교육, 어디까지 해보셨나요? #HRD 운영 ...	2024. 2. 29 오후 2:00:30
5	choijinsuk	vitaminq42	RE: Re: Re(4): [광주과학기술원 직원 대상] 챗GPT 업무 ...	2024. 2. 29 오전 9:37:17
6	an1ove	vitaminq42	방통대 인터뷰 요청	2024. 2. 28 오후 2:36:35
7	gurus	vitaminq42	[3/21 구루피플스 공개교육] "Find your Story" 자기인식 ...	2024. 2. 28 오후 2:00:37
8	mis8855	vitaminq42	김철수 강사님 안녕하세요. 2가지 정도 상의 드릴 일이 있 ...	2024. 2. 28 오전 11:22:21
9	vitaminq42	mis8855	Re: 김철수 강사님 안녕하세요. 2가지 정도 상의 드릴 일 ...	2024. 2. 28 오후 12:22:09
10	mis8855	vitaminq42	Re: 김철수 강사님 안녕하세요. 2가지 정도 상의 드릴 일 ...	2024. 2. 28 오후 12:47:19
11	vitaminq42	mis8855	Re: 김철수 강사님 안녕하세요. 2가지 정도 상의 드릴 일 ...	2024. 2. 28 오후 1:00:29
12	mis8855	vitaminq42	Re: 김철수 강사님 안녕하세요. 2가지 정도 상의 드릴 일 ...	2024. 2. 28 오후 1:02:54
13	info	vitaminq42	999서울포럼 준비위원회에 초대합니다.	2024. 2. 28 오전 10:05:44
14	marketing	vitaminq42	🌐 Data-centric AI 가이드 공개 / 3월 네트워킹	2024. 2. 28 오전 9:05:48
15	ivan	vitaminq42	Notion 2.38	2024. 2. 28 오전 8:30:06

● 구글 앱스 스크립트를 사용해서 구글 앱의 데이터를 자동으로 취합하고 정리할 수 있다.

　　AI가 데이터 수집, 가공, 분석을 도와주기 전까지 팀장은 감, 경험, 노하우, 연륜의 도움을 받았습니다. 하지만 이젠 AI를 사용해서 무엇이든 수집하고 가공하고 분석할 수 있습니다. 그간 팀장이 AI가 없어서 못했던 일이 무엇인지 차근차근 목록을 만들 시점입니다.

보고서 검토와 AI

영화나 드라마에서 팀장이 팀원에게 보고를 받는 장면을 묘사할 때 흔히 쓰이는 전형이 있습니다. 팀장이 손에 든 보고서를 던지면서 소리를 지르고 있고 팀원은 고개를 푹 숙인 채 듣기만 하고 있는 장면입니다. 사실 팀원의 보고서를 보고 팀장이 흡족해 하는 경우는 거의 없습니다. 만약 팀장이 100% 마음에 드는 보고서를 팀원이 가져왔다면 그냥 팀원이 팀장의 상사에게 직접 보고하는 게 낫습니다. 팀장이 할 일이 없으니까요. 하지만 그런 일은 현실에 없기 때문에 팀장직은 결코 사라지지 않습니다.

물론 현업에서 팀장이 보고서를 직접 쓰기도 합니다. 하지만 팀장이 쓰는 보고서는 팀장의 역할에 관한 보고서입니다. 팀원 코칭을 했더니 어떻더라, 팀의 미래는 이렇게 바꿔야 하더라 같은 겁니다. 팀원의 업무에 대해 팀장이 대신 보고서를 써서는 안 됩니다.

팀장의 역할이 팀원의 보고서를 검토하는 것이라면 지금까지 팀장은 어떻게 검토했을까요? 당연히 팀장의 감과 경험, 노하우와 연륜으로 검토했습니다. 어떤 것은 팀원이 충분히 수긍할 만한 것이고 어떤 것은 쓸데없는 지적질이라 할 만한 것도 있을 겁니다. 그런데 만약 이런 것을 AI가 대신 할 수 있다면 어떻게 될까요?

요즘 팀원은 AI를 이용해서 보고서를 씁니다. 그렇다면 요즘 팀장도 AI를 이용해서 보고서를 검토해야 합니다. 보고서를 보면서 무엇을 검토할지, 어떻게 검토할지, 뭐라고 팀원에게 말해야 할지, 전부 AI의 도움을 받아야 합니다.

예를 들어 다음 장표는 삼성전자가 분기별로 홈페이지에 공개하는 실적발표 보고서입니다. 이 보고서를 팀원이 작성해서 팀장에게

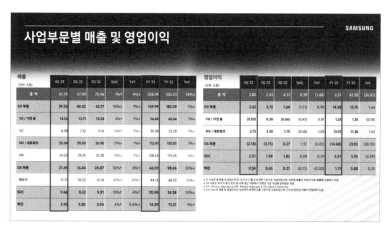

● 삼성전자의 사업부문별 매출 및 영업이익

검토를 받으러 왔다고 해보겠습니다. 만약 팀장이 몇 년째 이 보고서를 검토했다면 딱히 언급할 것은 없을 겁니다. 숫자가 잘못되었는지 정도만 확인할 겁니다. 그런데 팀장이라고 숫자나 계산 오류를 다 잡아낼 수 없습니다. 팀원도, 팀장도 실수할 수 있습니다. 이런 걸 검토하는 것도 팀장의 역할입니다.

만약 이런 장표를 처음 보는 팀장이라면 어떨까요? 무엇을 검토해야 하는지 포인트를 잡기가 쉽지 않습니다. 회계를 전문적으로 해온 경우가 아니라면 갈피도 못 잡을 겁니다. 같은 보고를 계속 검토하든, 처음 검토하든 검토할 것이 있다는 말입니다. 그렇다면 어떤 식으로든 AI의 도움이 필요하다는 말입니다.

AI를 이용해서 검토하는 것을 해보겠습니다. MS의 웹브라우저인 Edge를 사용하면 브라우저 사이드바에 코파일럿이 있습니다.

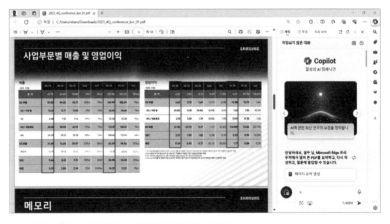

● 브라우저에서 PDF를 열어 코파일럿으로 분석할 수 있다.

웹페이지뿐만 아니라 PC에 있는 PDF 파일도 읽을 수 있습니다. 브라우저를 열어놓고 보고서 PDF 파일을 브라우저 탭에 드래그하면 브라우저에서 PDF 파일이 열립니다. 브라우저의 오른쪽 끝에 있는 코파일럿 아이콘을 누르면 오른쪽에 사이드바가 확대되면서 코파일럿이 나타납니다. 여기에서 페이지를 요약할 수도 있고 궁금한 것을 물어볼 수도 있습니다.

예를 들어 다음과 같은 대화가 가능합니다.

 사업부문별 매출 및 영업이익에서 검토해야 할 것을 알려줘.

 사업부문별 매출 및 영업이익을 검토할 때 주요한 포인트는 다음과 같습니다 :

1. **매출 성장률** : 각 사업부문의 매출 성장률을 확인하여 어떤 부문이 회사의 성장을 주도하고 있는지 파악합니다. 특히, 고부가가치 제품의 매출 성장률을 주목해야 합니다.

2. **영업이익률** : 영업이익률은 매출액 대비 영업이익의 비율로, 사업의 수익성을 나타냅니다. 각 사업부문의 영업이익률을 비교하여 어떤 부문이 더 효율적으로 운영되고 있는지 파악합니다.

3. **매출 및 영업이익 추이** : 과거와 현재의 매출 및 영업이익을 비교하여 각 사업부문의 성장 추세를 파악합니다. 이를 통해 사업 전략의 효과성을 평가하고 미래 성장 가능성을 예측할 수 있습니다.

4. **사업부문별 전략** : 각 사업부문의 주요 전략과 그 전략이 매출 및 영

업이익에 어떻게 영향을 미치는지 분석합니다. 예를 들어, 특정 사업 부문이 선단 기술 개발에 집중하고 있다면, 그 부문의 연구개발비와 매출 및 영업이익 사이의 관계를 살펴봐야 합니다.

이러한 분석을 통해 회사의 전반적인 성과와 각 사업부문의 성과를 이해하고, 미래의 성장 전략을 계획하는 데 도움이 될 수 있습니다. 이는 투자 결정을 내리는 데 중요한 정보를 제공합니다. 이 외에도, 경영진의 의견, 시장 동향, 경쟁사 분석 등을 함께 고려하는 것이 좋습니다.

코파일럿은 매출 성장률, 영업이익률 등을 보라고 합니다. 그러면 일단 매출이익률을 구할 수 있는지 물어보겠습니다.

23년 4분기 매출이익률을 구해줘.

안녕하세요, 삼성전자 경영설명회 자료를 보고 계시군요. 23년 4분기 매출이익률은 다음과 같습니다 :

- **DX 부문** : 2.62조원 / 14.38조원 = 18.2%
- **DS 부문** : (2.18조원) / (14.88조원) = -14.7%
- **전체** : 2.82조원 / 6.57조원 = 42.9%

매출이익률은 매출액에서 영업이익을 나눈 값으로, 사업의 수익성을 나타내는 지표입니다. DX 부문은 모바일, 네트워크, 가전 등을 포함하고,

DS 부문은 메모리, S.LSI, 파운드리 등을 포함합니다.

186쪽에 있는 그림에서처럼 왼쪽 PDF 파일의 표와 숫자가 그림이 아닌 이상 얼마든지 AI가 읽을 수 있습니다. 그러면 이번에는 특정 부문의 검토를 요청해 보겠습니다.

이 보고서에서 메모리 부문의 매출 성장률과 영업이익률을 분석해서 인사이트를 알려줘.

이 보고서에 따르면, 메모리 부문의 매출 성장률과 영업이익률은 다음과 같습니다 :

- **매출 성장률** : 메모리 부문의 매출은 전년 동기 대비 16.8% 증가했습니다. 이는 PC, 모바일, 서버 등의 수요 회복과 고부가가치 제품의 확대에 기인한 것으로 보입니다. 이러한 성장률은 메모리 시장의 활성화를 반영하고 있으며, 삼성전자의 메모리 사업 전략이 효과적으로 작동하고 있음을 나타냅니다.
- **영업이익률** : 메모리 부문의 영업이익률은 매출액 대비 18.2%로, 이는 전년 동기 대비 상승한 수치입니다. 이 수치는 메모리 부문의 수익성이 향상되고 있음을 보여주며, 이는 고부가가치 제품의 판매 확대와 효율적인 비용 관리 덕분인 것으로 보입니다.

표에서 두 데이터를 다시 정리해서 표로 보며 검토하는 것도 가능합니다.

 메모리 부문과 MX 부문의 실적을 비교해서 표로 보여줘.

 메모리 부문과 MX 부문의 실적을 비교한 표는 다음과 같습니다 :

부문	매출 (조원)	매출 성 장률 (%)	영업이 익 (조 원)	영업이 익률 (%)
메모리	14.38	16.8	2.62	18.2
MX	6.57	13.7	2.82	42.9

이 표를 통해, MX 부문의 매출 성장률은 메모리 부문보다 낮지만, 영업 이익률은 더 높은 것을 확인할 수 있습니다. 이는 MX 부문이 메모리 부문보다 더 효율적으로 운영되고 있음을 나타냅니다. 그러나, 메모리 부문의 매출 성장률이 더 높은 것은 이 부문의 성장 가능성을 보여주며, 이는 삼성전자의 전체 성장에 중요한 역할을 할 것으로 예상됩니다.

ChatGPT 유료 버전을 사용한다면 PDF 파일을 올려서 대화하는 것이 가능합니다. PDF 파일이 아니라 엑셀이나 파워포인트에서 코 파일럿을 사용하여 검토하는 것도 가능합니다. MS 오피스 365 버 전에 포함된 코파일럿은 사용자당 월 30$ 정도 하는 유료 서비스입 니다. 엑셀을 자주 다루는 팀원이나 검토를 자주 해야 하는 팀장이 라면 사용을 고려해야 할 만큼 유익합니다. 대화를 하며 차트를 만 들 수도 있고 인사이트를 얻어낼 수도 있습니다. 계산이 맞는지 확

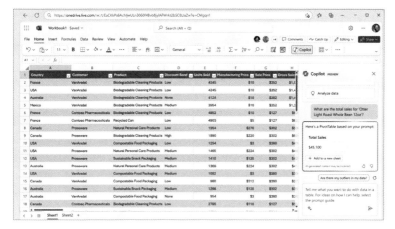

● MS 엑셀 안에서 코파일럿을 사용하여 데이터를 대화형으로 분석할 수 있다.

인할 수도 있습니다.[*]

AI가 보고서를 아주 잘 검토합니다. 앞으로는 AI가 먼저 보고서를 읽고 팀장에게 검토 포인트를 집어줄 겁니다. 이는 팀원이 AI의 도움을 받아 보고서를 검토할 수 있다는 말과 같습니다. 팀원이 팀장만큼이나 보고서를 잘 검토해서 가져올 거라는 겁니다.

팀장의 검토 역할을 AI가 다 한다면 팀장이 해야 할 검토는 무엇일까요? 검토는 크게 두 가지가 있습니다. 팀원이 보고하는 내용에 관한 검토와 팀장이 상위 부서장에게 보고하는 내용에 관한 검토입니다. 팀원이 보고하는 내용을 검토하는 일은 AI가 다 할 겁니다. 하지만 팀장이 상위 부서장에게 보고할 때, 무엇을 빼고 무엇을 넣고 무엇을 어떻게 보여줄지는 팀장의 검토 사항입니다.

---

[*] 2024년 3월 기준으로 영어 버전만 적용되었습니다. 한글 버전은 2024년 중에 배포될 예정입니다.

팀장은 팀원도, AI도 알지 못하는 것을 알고 있거나 그런 데이터를 가지고 있어야 합니다. 추상적으로는 회사의 전략 방향을, 구체적으로는 상위 부서장의 정치적 상황 같은 겁니다. 모든 조직은 팀원의 보고서 논리로 움직이지 않습니다. 보고서 위에서 오가는 정치적인 논리로 많은 것이 결정됩니다. 팀장이 팀원 보고서를 검토하는 데에 쓰는 시간이 이제 AI 덕분에 엄청나게 줄어듭니다. 그렇게 해서 남은 시간을 조직의 추상적이고 정치적인 상황과 논리를 파악하고 상위 부서장과 소통하는 데 더 쓰면 어떨까요?

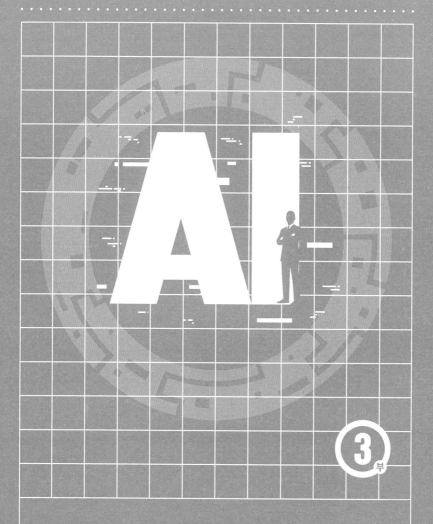

AI

③부

김 팀장,
CEO 관점에서 AI를 보다

ARTIFICIAL INTELLIGENCE

CEO의 요즘 관심사와 IT

AI의 기반이 되는 IT를 선도하는 기업은 미국의 상장사입니다. AI를 가장 먼저 만드는 곳도, 가장 먼저 적용하는 곳도, 가장 먼저 얘기하는 곳도 미국의 상장사입니다. 그렇다면 미국 상장사의 CEO들은 무엇에 관심을 많이 둘까요? 작년과 올해 무슨 관심이 달라졌을까요?

이걸 보여주는 도구가 있는데 제목만 봐도 딱 알 수 있습니다. "What CEOs talked about"입니다. 미국의 IT 조사 기관인 IOT ANALYTICS가 2020년부터 분기별로 발표합니다. 그래서 "What CEOs talked about in Q2/2022", "What CEOs talked about in Q4/2023"처럼 타이틀이 매겨집니다.

이 도구는 간단한 XY 좌표에 키워드를 분산한 모습입니다. X

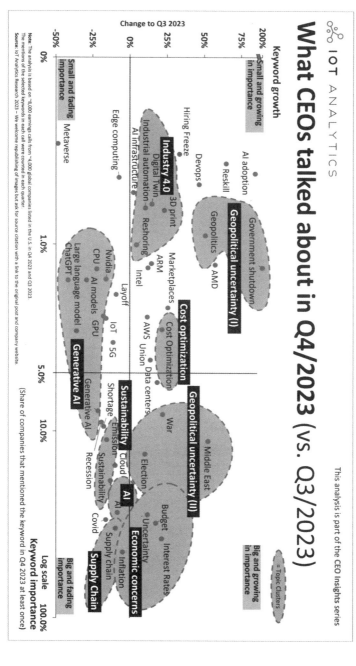

IoT ANALYTICS

This analysis is part of the CEO Insights series

What CEOs talked about in Q4/2023 (vs. Q3/2023)

Keyword growth

Change to Q3 2023

200%
75%
50%
25%
0%
-25%
-50%
0%

Small and growing in importance

Big and growing in importance

= Topic Clusters

Small and fading importance

Big and fading importance

Keyword importance
(Share of companies that mentioned the keyword in Q4 2023 at least once)

Log scale

1.0%   5.0%   10.0%   100.0%

Note: The analysis is based on ~8,000 earnings calls from ~4,000 global companies listed in the U.S. in Q4 2023 and Q3 2023.
The mentions of the selected keywords in each call were counted in each quarter.
Source: IoT Analytics Research 2023 – We welcome republishing of images but ask for source citation with a link to the original post and company website.

Metaverse
Edge computing
Hiring Freeze
Devops
AI adoption
ReSkill
Government shutdown
Industry 4.0
Digital Twin
Industrial automation
AI infrastructure
3D print
Reshoring
Geopolitics
AMD
Geopolitical uncertainty (I)
Nvidia
CPU
ARM
Intel
Marketplaces
Cost Optimization
Cost optimization
Large language model
ChatGPT
AI models
GPU
Layoff
IoT
5G
AWS
Union
Data centers
War
Middle East
Geopolitical uncertainty (II)
Generative AI
Generative AI
Shortage
Emission
Sustainability
Cloud
Sustainability
Recession
Election
AI
AI
Budget
Uncertainty
Interest Rates
Covid
Inflation
Supply chain
Economic concerns
Supply Chain

축은 키워드의 중요성입니다. 4000여 글로벌 기업으로부터 받은 8000여 어닝콜(실적발표)에서 해당 키워드가 언급된 비율이라고 보면 됩니다. 언급이 많이 된 키워드일수록 키워드 중요성이 높다고 보는 겁니다. 다만 특정 키워드의 언급량이 다른 키워드보다 엄청 많으므로 언급량 관계를 명확히 보기 위해 로그 스케일로 표현되었습니다. Y축은 전분기와 비교해서 증감을 표현한 겁니다. 해당 키워드 언급이 줄어들거나 늘어날 텐데 그 증감입니다. 예를 들어 왼쪽 아래에 있는 Metaverse는 전분기에 비해 언급량이 절반 가까이 줄었고 언급량도 매우 적다는 것을 볼 수 있습니다. 점선으로 감싼 영역은 유사 주제 묶음으로 보면 됩니다.

이 도구는 글로벌 대기업 CEO의 주요 관심사와 그 정도 그리고 변화를 보고자 할 때 도움이 됩니다. 영화 곡성에서 나오는 유명한 대사가 있습니다. "뭣이 중헌디?" 이 도구가 바로 CEO에게 무엇이 중요한지를 보여줍니다. 2023년 4분기 자료를 보면 오른쪽 위에 지정학적 불확실성이 있습니다. 이건 IT와 직접적인 관계는 없지만 가장 큰 글로벌 이슈를 보여줍니다.

AI에 관한 주제를 보면 언급량이 꽤 높고 전분기에 비해 계속 유지되는 걸 볼 수 있습니다. 하지만 Generative AI는 언급량이 보통인데 전분기에 비해 적게는 10%, 많게는 50%까지 줄어든 걸 볼 수 있습니다. 이렇게만 보면 AI에 관심이 식은 것처럼 보입니다. 하지만 어떤 도구든 특정 시점만 보고 해석하면 안 됩니다. 전체적인 시간의 흐름을 같이 보면서 해석해야 합니다. "What CEOs talked

IOT ANALYTICS
MARKET INSIGHTS FOR THE INTERNET OF THINGS

Insights that empower you to understand IoT markets

What CEOs talked about in Q4/2020 (vs. Q3/2020)

Keyword growth
Q4/2020 vs. Q3/2020 (Index 100=Q3/2020)

Small and growing in importance

Big and growing in importance

Digital Twin   Bitcoin
7 Digital Twin
6 Bitcoin
Private network
As a Service
Bluetooth
Remote monitoring
5 As a service
Hybrid cloud
Public cloud
Machine learning
8 Cloud
Private cloud
Telehealth
Satellite
Layoff
Furlough
Work from home
IoT
4 IoT
Connectivity
Customer experience
SaaS
9 Pandemic effects
AI & Analytics 3
Analytics
AI
Emission
ESG
1 Sustainability
Sustainability
Lockdown
5G
2 5G

Small and fading importance

Big and fading importance

Keyword importance
(Total number of mentions per 100 earnings calls Q4 2020)

Topic Cluster

Note: The Note: The analysis is based on ~4,700 earnings calls from ~3,000 companies listed in the U.S. in the third and fourth quarter of 2020.
The mentions of the selected keywords per 100 the earnings calls were counted in each quarter.
Source: IoT Analytics Research 2020

CEO의 관심사를 읽고자 할 때는 시간에 따른 변화를 잘 확인해야 한다.

about"은 2020년부터 시작했으니 2020년 4분기 그래프로 보면 좋습니다. 이 시기에도 AI는 여전히 높은 언급량을 보여주고 있고 전 분기에 비해 변동이 크지 않습니다.

"What CEOs talked about"은 https://iot-analytics.com에서 볼 수 있습니다. 블로그 형식의 사이트에서 검색창에 "What CEOs talked about"로 검색하면 됩니다.

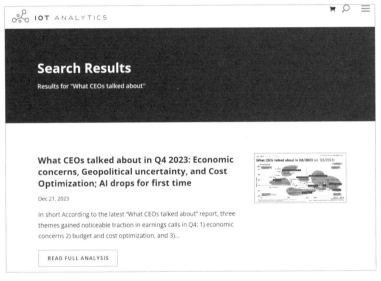

● CEO의 관심사는 IOT ANALYTICS 웹사이트에서 확인할 수 있다.

게시물을 클릭하면 위에서 보여 줬던 그래프도 나오고 그래프에 대한 설명과 통찰도 어느 정도 자세히 적혀 있습니다. 물론 풀 버전의 보고서는 유료입니다. 유료 보고서까지 구매해서 볼 정도는 아닙니다. 2023년 4분기의 통찰 중 Generative AI와 ChatGPT에 대한 내용이 있어서 여기에 인용합니다.

2023년 1분기에는 2022년 말 ChatGPT 출시에 힘입어 제너레이티브 AI가 진출했습니다. 해를 거듭할수록 2023년 2분기에는 생성 AI가 ChatGPT 및 LLM에 대한 일반적인 논의와 같은 하위 주제의 가장 중요한 주제가 되는 것을 보았고, 2023년 3분기에는 ChatGPT 및 LLM이 감소함에 따라 자체 주제로 우뚝 섰습니다.

이번 분기에는 IoT 애널리틱스(IoT Analytics)가 제1의 생성 AI 물결이라고 생각하는 것과 관련된 주제를 중심으로 유행어 열풍이 가라앉은 것으로 보입니다. 그러나 그렇다고 해서 생성 AI의 능력과 가능성에 대한 손실이 있는 것은 아닙니다. 실제로 전반적으로 그 주변의 논의는 압도적으로 긍정적입니다.

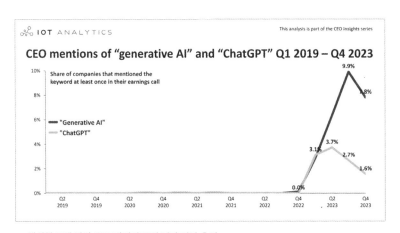

● 생성형 AI에 관한 CEO 관심의 특정 기간 변화 추이

그 밑에는 CEO가 대답해야 할 핵심 질문 6가지가 나옵니다. 인플레이션 관리, 금리 변동, 예산 및 비용 최적화, 지정학적 위험, 소비자 심리 얘기도 나오며 마지막 질문은 이렇습니다.

- 기술 투자 : AI와 기술 분야가 역동적이고 신흥 경쟁자가 나타나고 있는데 방어 가능한 AI 전략이 있나요?

그 밑에는 CEO를 지원하는 이들이 대답해야 할 질문도 5가지가 있습니다. 그 중에 AI와 관련한 질문은 두 가지입니다.

- 기술 트렌드 분석 : 생성 AI에 대해 여전히 많은 사람들이 긍정적으로 보고 있는데 우리 사업이 AI 같은 기술과 어떤 관련이 있는지, 어떻게 적용할 수 있는지 인사이트를 제공할 수 있나요?
- 기술 투자에서 경쟁 분석 : 시장 변화와 경쟁을 고려할 때 AI, GPU, 관련 인프라 등에 대한 우리의 위치와 전략을 평가하는 데 어떻게 도움을 줄 수 있나요?

이 질문은 결국 CEO의 고민과 보통 팀장의 고민이 됩니다. 분기마다 "What CEOs talked about"을 보면서 CEO의 고민을 한번 생각해보고, CEO를 보좌하는 팀장의 고민도 한번 생각해보는 계기가 될 수 있습니다.

AI의 종류와 랜드스케이프

팀원이 쓰는 AI가 나무라면 회사 전체에서 쓸 수 있는 AI의 모음은 숲입니다. 팀장은 나무도 봐야 하지만 숲도 볼 줄 알아야 합니다. 이때 사용할 수 있는 적절한 도구가 랜드스케이프 맵landscape map 또는 생태계 맵ecosystem map입니다. AI라는 큰 숲에는 많은 기업이 동물처럼 돌아다니는 것 같지만 일정한 구획을 정해놓고 보면 분류가 가능합니다.

예를 들면 다음 그림은 "AI & NoCode Landscape 2024"입니다. AI와 노코드 분야의 랜드스케이프입니다. 랜드스케이프는 일정한 분야 또는 카테고리를 만들고 그 안에 기업의 로고나 상표 등을 채우는 형식으로 디자인되어 있습니다. 사실상 카테고리를 어떻게 정하는지가 랜드스케이프의 핵심입니다.

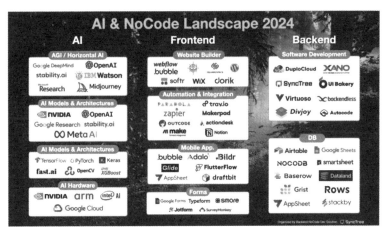

● AI와 노코드 랜드스케이프 2024

AI는 IT에서 나왔기 때문에 자연스럽게 IT의 카테고리를 따릅니다. 예를 들어 하드웨어, 데이터베이스, 애플리케이션, 소프트웨어 개발 같은 카테고리가 그렇습니다. 이런 건 모두 IT 관점에서 만든 카테고리입니다.

사실 보통 팀장은 이런 카테고리를 이해하기도 쉽지 않고 안다고 해서 특별히 도움이 되는 것도 아닙니다. 그래서 AI 랜드스케이프를 보고 시장 전반을 보고자 할 때는 IT 관점보다는 최종 소비자가 사용하는 기능 관점에서 보는 것이 좋습니다.

예를 들어 다음 랜드스케이프 "The Generative AI Application Landscape"는 Sequoia Capital이 만든 것입니다. 대 카테고리와 소 카테고리로 구성되어 있으며, 대 카테고리를 보면 텍스트, 이미지, 비디오, 코드, 스피치, 3D, 기타로 나뉘어져 있습니다. 텍스트 카테고리 안에는 마케팅, 지식, 일반 저작, AI 보조, 세일즈, 서포트, 기타 등으로 나뉘어 있습니다. 이미지 카테고리에는 이미지 생성, 소비자/사회, 미디어/광고, 디자인 등으로 나뉘어져 있습니다.

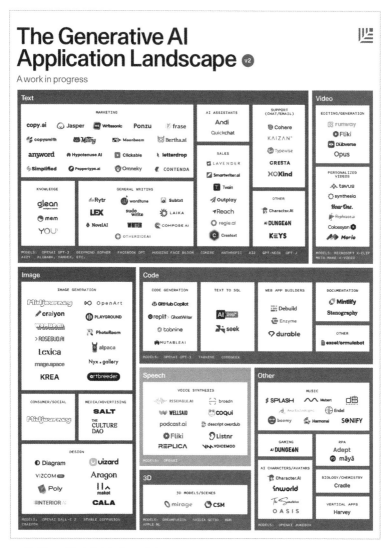

● 생성형 AI 애플리케이션 랜드스케이프

이런 카테고리를 보면서 팀장은 팀원의 업무 목록과 연결해 보면 됩니다. 예를 들어 우리 팀원 업무가 다음과 같다고 해보겠습니다.

- 텍스트 보고서 작성
- 홍보 이미지 제작
- 홍보 사이트 개발
- 홍보 영상 제작

이제 이 업무에 AI 랜드스케이프 맵의 카테고리를 연결해 보는 겁니다.

- 텍스트 보고서 작성 ⇒ Text - General Writing
- 홍보 이미지 제작 ⇒ Image - Media
- 홍보 사이트 개발 ⇒ Code - Web App Builders
- 홍보 영상 제작 ⇒ Video - Generation

팀원 업무와 AI 랜드스케이프의 카테고리가 연결이 되기만 한다면 그 업무는 AI의 도움을 받거나 AI가 대신할 수 있습니다. 왜냐하면 해당 카테고리에 기업이 있기 때문입니다. 이들 기업의 AI 서비스를 이용해도 되고 컨설팅이나 자문을 요청해도 되고 필요하면 협력도 가능합니다. 해당 카테고리 안에는 큰 기업도 있고 작은 기업도 있지만 서로 치열하게 경쟁하기 때문에 항상 새로운 고객을 원

합니다. 이들 기업과 윈윈할 수 있는 여지가 많습니다.

이런 랜드스케이프는 글로벌 기업을 대상으로 하지만 국내 기업만을 가지고 만들어진 랜드스케이프도 있습니다. 필자가 추천하는 것은 지능정보산업협회가 매년 만드는 "Emerging AI+X Top 100 Landscape"입니다. 웹사이트 https://www.ailandscape.net/에서 바로 확인할 수 있습니다.

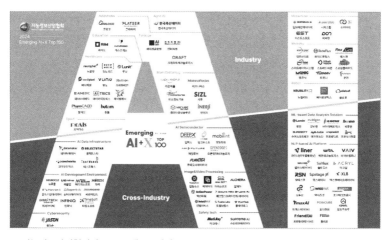

● 지능정보산업협회의 AI 100 랜드스케이프

이 랜드스케이프는 특이하게도 AI 문자 디자인을 한 다음 기업을 배치했습니다. 크게 의미는 없지만 보는 재미가 있습니다. 주로 스타트업과 같은 초기 기업을 위주로 미래 AI를 이끌 100대 기업을 선정해서 배치합니다. 대기업과 공기업은 제외하므로 현실적으로 팀 단위에서 도움을 받을 수 있는 기업이 많다고 보면 됩니다.

일단 카테고리부터 보겠습니다. 가로로 이어진 사선을 기준으로

위쪽은 일반 산업industry, 아래쪽은 AI 융합 산업cross-industry이라고 보면 됩니다. 산업 쪽 카테고리는 광고 미디어, 농업, 교육, 금융, 건강, 제조, 스포츠, 메타버스, 모빌리티, 로봇 등이 있습니다. 융합 산업 쪽에는 AI 데이터 인프라, AI 개발 환경, 사이버 보안, AI 반도체, 이미지와 비디오 처리, 보안 기술, 머신러닝 기반 데이터 분석 솔루션, 자연어 처리 기반 AI 플랫폼 등으로 나뉘어 있습니다.

산업 쪽은 여러분이 속한 산업을 참고하면 됩니다. 예를 들어 여러분의 회사가 건강 쪽 일을 한다면 건강 쪽 카테고리의 기업이 어떤 아이디어를 가지고 무슨 AI를 만들고 있고 어떤 서비스를 하는지 보면 됩니다. 융합 산업에서는 보안 + AI, 반도체 + AI 등이 있고 오른쪽 아래에는 머신러닝 기반 데이터 분석 솔루션이나 자연어 처리 기반 AI 플랫폼이 있습니다. 오른쪽 아래에 있는 기업이 팀 단위에서 쓸 수 있는 AI 서비스를 많이 만듭니다.

AI 분야 랜드스케이프의 끝판왕을 소개해 달라고 하면 단연 MAD를 소개합니다. MAD는 머신러닝ML, Machine Learning, AI, Data의 앞 글자만 딴 것입니다. MAD는 미국 뉴욕에 위치한 벤처 캐피탈 기업 FirstMark가 매년 만듭니다.

MAD는 단순한 이미지가 아닙니다. 웹사이트 https://mad.firstmark.com/에 들어가면 카테고리별로, 기업별로 링크가 걸려 있고, 링크를 클릭하면 카테고리별 기업 설명을 볼 수 있습니다.

이걸 다 볼 필요는 없지만 글로벌 AI 숲을 보고자 한다면 MAD

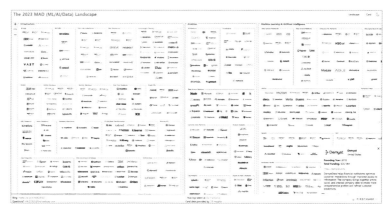

● 머신러닝, AI, 데이터 랜드스케이프

● 2023 MAD 랜드스케이프

랜드스케이프를 추천합니다. 전체 카테고리를 대강이라도 이해하고, 대표 기업 한두 개 정도만 찾아보면 좋습니다. 물론 데이터베이스 같이 팀장이 몰라도 될 것이 있긴 하지만 AI란 것이 어차피 데이터를 기반으로 움직이므로 데이터베이스도 어떤 카테고리가 있는지 정도는 알면 좋습니다.

MAD 랜드스케이프에서 눈여겨볼 카테고리는 가운데에 있는 Machine Learning & Artificial Intelligence와 Applications입니다. 세부 카테고리가 많고 용어도 어려워서 정확히 이해하기는 쉽지 않습니다. 그래도 대강 이런 것이 있다는 정도는 알아야 합니다. 위쪽에 있는 카테고리가 지금 가장 활성화된 분야라고 보면 됩니다.

- Learning & Artificial Intelligence
  - Data Science Notebooks
  - Data Science Platforms
  - Enterprise ML Platforms
  - Data Generation & Labelling
  - MLOps
  - Computer Vision
  - Speech
  - NLP
  - Horizontal AI/AGI
  - AI Hardware
  - GPU Cloud

- Edge AI
- Closed Source Models
- Applications - Enterprise
  - Sales
  - Marketing
  - Customer Experience
  - Human Capital
  - Automation & Operations
  - Decision & Optimization
  - Legal
  - Partnerships
  - Regtech & Compliance
  - Finace
- Applications - Horizontal
  - Code & Documentation
  - Text
  - Audio & Voice
  - Image
  - Video Editing
  - Video Generation
  - Animation & 3D
  - Search

- Applications - Industry
  - Finance & Insurance
  - Healthcare
  - Life Sciences
  - Transportation
  - Agriculture
  - Industrial & Logistics
  - Gov't & Intelligence
  - Cross-Industry

AI 동향을 읽는
하이프 사이클

AI는 기술이면서 산업입니다. 기술 관점에서 보는 건 R&D 부서의 연구원이 할 일입니다. 최고경영자는 기술보다는 산업 관점에서 봐야 합니다. 산업 관점으로 보려면 시장을 분석해야 합니다. 팀장도 AI의 시장을 분석할 수 있어야 합니다. 현재는 어떤 AI나 기술이나 개념이 중요한지, 앞으로는 어떤 것이 있는지 알아야 합니다. 이를 위해 팀장이 알아야 할 도구가 많지만 여기서는 딱 하나만 알려드리겠습니다. 바로 가트너의 하이프 사이클입니다.

AI는 IT 분야에 속합니다. IT 분야에서 많은 사람들이 찾는 글로벌 리서치 기관은 포레스터 리서치Forrester Research, IDC, 가트너Gartner로 알려져 있습니다. 이중에서 가트너는 시장분석 결과를 시각화한 도구인 하이프 사이클과 매직 쿼드런트로 유명합니다. AI 분야에서도 하이프 사이클과 매직 쿼드런트를 거의 매년 만들어서 공개합니다. 이 중에서 하이프 사이클만 잘 이해하면 AI 기술, 산업, 시장에 통찰과 시사를 얻을 수 있습니다.

하이프 사이클Hype Cycle은 과대광고 주기라고 번역할 수 있습니다. 하이프란 말이 과장된 광고를 뜻하기 때문입니다. 기술이란 것이 처음에는 해당 분야 전문가에 의해 발전하는데, 어떤 기술은 어느 순간 보통 사람들이 관심을 가지게 되고 언론에서 대서특필합니다. 그 내용이 너무 과장되기도 해서 하이프라고 표현할 수 있습니다. 그러다가 이내 거품이 꺼지면서 관심은 줄어들고 언론도 다루지 않습니다. 하지만 살아남은 기술은 다시 2.0 등의 이름으로 부활해서 현업에서 사용되기 시작하고 시장에 안착합니다. 이것이 하이프 사이클입니다.

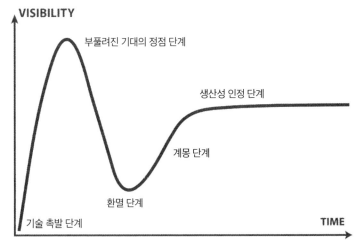

● 하이프 사이클의 개념. 시간에 따른 언론 기사의 수라고 보면 된다.

하이프 사이클의 X 축은 시간이고, Y축은 가시성visibility 또는 예상이나 기대expectations입니다. 위로 갈수록 관련 뉴스가 더 쏟아지고 있다고 보면 됩니다. 사이클이 정점에 있다는 건 대형 서점에 가면 단번에 확인할 수 있습니다. 대형 서점 입구에 해당 주제의 책으로만 진열된 코너가 따로 마련되어 있습니다.

하이프 사이클은 시간에 따라 다섯 단계로 나뉩니다.

첫 번째 단계는 기술 촉발 단계Technology Trigger입니다. 새로운 기술이 만들어지거나 발견되어 기술 혁신을 이끄는 초기 단계입니다. 논문 저널이나 전문가 커뮤니티에서 관심을 받지만 아직 상용화된 제품은 없고 상업적 가치도 불명확합니다. 하지만 이중에 분명히 미래를 바꿀 무언가가 있습니다. R&D 부서장이라면 이 단계의 기술이나 발견을 유심히 지켜봐야 합니다.

두 번째 단계는 부풀려진 기대의 정점 단계Peak of Inflated Expectations입니다. 기술 촉발 단계를 넘어 초기 성공 사례가 나오거나, 얼리 어답터의 폭발적인 관심을 가진 기술이나 제품이 대중의 관심을 한몸에 받는 단계입니다. 이 시기에는 실제 학문적, 상업적 가치보다 과대평가가 되는 경향이 있습니다. 하지만 언론이 뉴스로 다루기 때문에 최고경영자 조찬 모임 등에서 강사가 열심히 강조하는 단계이기도 합니다. 조찬 모임에서 이 단계의 기술이나 제품 소식을 들은 최고경영자는 회사에 복귀해서 "우리도 검토해 봐야겠죠?"라고 지시

아닌 지시를 내립니다. 전략팀, 신사업팀, 기획팀 등에서 부랴부랴 전망과 기회를 분석해서 보고합니다. 어차피 회사에서 상사나 팀원이 이 단계의 것을 화두로 얘기합니다. 그때 "나는 관심 없다.", "그게 뭐 되겠냐?", "쓸데없는 것에 관심 두지 말고 본인 일이나 잘하라" 같은 말을 해서는 안 됩니다. 일단은 무조건 관심을 가져야 합니다. 이 단계의 기술, 발견, 제품, 서비스 등이 뭐가 있는지 정도는 알고 있어야 합니다.

세 번째 단계는 환멸 단계Trough of Disillusionment입니다. 대중이 혁신적인 기술이나 제품, 서비스라고 생각했는데 기대에 못 미칠 때 이 단계로 접어듭니다. 기술이 대중화되거나 제품이 양산돼서 보통 사람이 사용할 수 있을 때 소비자가 기대만큼 만족하지 않으면 시장이 돌아섭니다. 그런데 많은 팀장이 이 환멸 단계에서 "내 그럴 줄 알았다.", "내가 그랬지, 별거 아니라고.", "원래 다 그렇지 뭐." 같은 말을 하면서 자기 위안을 삼기도 합니다. 하지만 세상을 바꾼 모든 혁신적인 기술과 제품, 서비스는 모두 빠짐없이 환멸 단계를 거쳐 갑니다. 컴퓨터나 인터넷, 스마트폰이나 메타버스 역시 모두 환멸 단계를 거칩니다. 팀장이 예언자처럼 얘기할 필요는 없습니다.

네 번째 단계는 계몽 단계Slope of Enlightenment입니다. 기업이 기술이나 제품, 서비스의 실제적인 가능성과 한계를 이해하기 시작하면서 이를 바탕으로 더 실용적이고 효율적으로 개선하는 단계입니다. 확실한 수익 모델도 나타나고 2.0, 3.0으로 불리는 차세대 기술, 제품, 서비스가 시장에 연속으로 나타납니다. 환멸 단계에서 기대에 못 미쳤던 기능이나 성능이 조금씩 향상하고, 높은 가격도 적절한 선에서 맞춰지기 시작합니다. 물론 보수적인 기업은 이 단계의 기술이나 제품, 서비스를 선뜻 도입을 결정하진 못하지만, 스타트업이나 벤처 같이 변화에 빠른 기업은 이미 도입해서 시행착오를 거쳐 잘 사용합니다.

다섯 번째, 마지막으로 생산성 안정 단계Plateau of Productivity입니다. 기술이 시장에 안착하고 제품과 서비스가 안정적으로 팔리는 단계입니다. 대기업도 부담을 덜 가지고 기술을 도입하고, 필요하면 유사한 제품이나 서비스로 시장에 진입하기도 합니다. 팀장도 기술 도입에 부담이 적습니다. 상사가 의사결정도 잘 해주고 비용 쓰기도 어렵지 않습니다. 하지만 이쯤에서 기술을 도입하면 이미 경쟁사나 선진사에 비해 경쟁 속도라는 면에서 뒤처진 겁니다.

하이프 사이클은 이와 같이 5단계로 구성되어 기술의 현재 단계를 잘 표현합니다. 그러면 이제 AI를 주제로한 하이프 사이클을 살펴보겠습니다. 구글 검색엔진에서 'hype cycle for'라고 검색하면 추천 검색어로 다양한 하이프 사이클이 나타납니다. AI뿐 아니라 이머징 테크놀로지나 블록체인, 데이터 과학이나 클라우드 주제로도 하이프 사이클이 있습니다. 매년 발표되므로 뒤에 연도가 붙습니다. 가장 최근 연도의 AI 하이프 사이클을 선택하면 됩니다.

● 구글에서 다양한 하이프 사이클을 검색할 수 있다.

검색 후 가트너의 페이지로 넘어가면 해당 하이프 사이클에 대한 설명이 쓰여 있습니다. 영어가 부담되면 브라우저 번역 기능을 사용해서 보면 됩니다.

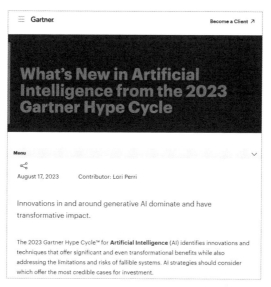

● 가트너 웹사이트에서 AI 관련 하이프 사이클을 찾을 수 있다.

　화면 중간에 다음과 같은 하이프 사이클이 보입니다. 앞에서 말하지 않은 것이 하나 있습니다. 각 기술의 위치에 있는 기호입니다. 이건 하이프 사이클의 다섯 단계 중 마지막 단계인 생산성 안정 단계에 이르기까지 앞으로 몇 년 남았는지를 보여줍니다. 예를 들어 '○' 기호는 2년 안에 마지막 단계에 접어든다는 말이고, '▲'는 10년 이상 걸려야 생산성 안정 단계에 도달한다는 말입니다. 기간이 짧을수록 아주 빠르게 발전하고 상용화된다는 말이고, 기간이 길수록 아직 연구가 덜 되었다고 보면 됩니다.

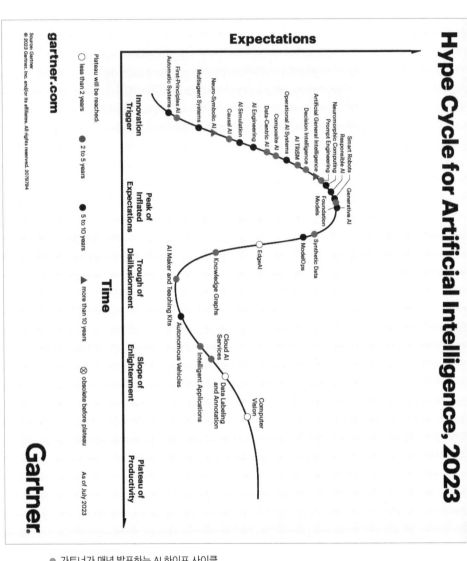

● 가트너가 매년 발표하는 AI 하이프 사이클

보통 팀장은 여기에 나오는 용어의 의미 정도만 이해할 수 있으면 좋습니다. 가트너 페이지에서 용어를 짧게라도 설명하고 있으니

읽어보면 좋습니다. 내용이 좀 어려우면 위키피디어에서 찾아보면됩니다. 예를 들어 Artificial general intelligence를 위키피디어에서검색하면 자세한 설명과 레퍼런스가 나옵니다.

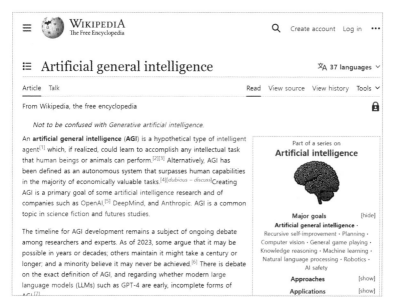

● 생소한 AI 용어는 위키피디어 등에서 검색해서 봐도 좋다.

하지만 필자가 추천하는 것은 코파일럿입니다. https://copilot.microsoft.com에 접속해서 대화 스타일을 '정밀'로 선택하고 질문하면 됩니다. 한국어로 쉽게 설명해달라고 해보세요.

● 생소한 AI 용어는 실시간 검색이 가능한 코파일럿 등에서 설명해달라고 해도 좋다.

코파일럿과 같은 대화가 가능한 AI는 계속해서 질문을 하면 됩니다. 예를 들어 사례나 활용 예시도 알려달라고 하면 AGI의 사례라고 생각하는 것을 검색엔진에서 찾아 정리해 줍니다.

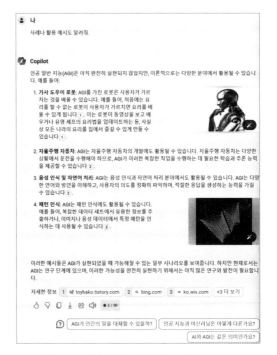

● 생성형 AI는 기술의 사례나 예시도 잘 알려준다.

하이프 사이클은 거의 매년 갱신이 되니 지난 연도의 하이프 사이클과 비교하면서 보는 것도 좋습니다. 또한 AI를 포함하여 다양한 IT 기술을 확인하려면 Hyper Cycle for Emerging Technologies를 참고하면 됩니다.

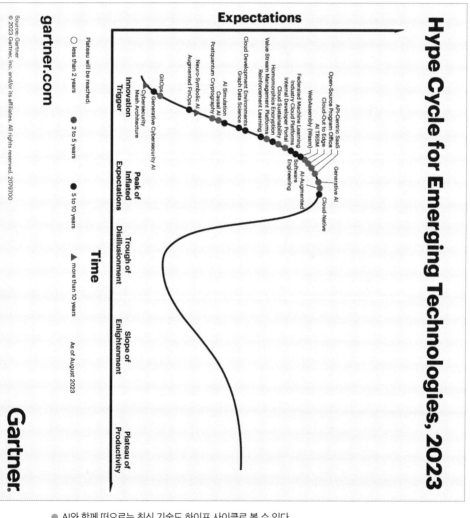

● AI와 함께 떠오르는 최신 기술도 하이프 사이클로 볼 수 있다.

하이프 사이클에도 한계가 있습니다. 하이프 사이클 자체가 기술 각각의 특성을 보여주지 못하고, 이미 존재하는 트렌드를 시각화해 주는 것뿐이라는 비판도 있습니다. 하지만 어떤 분야의 기술 전반의 동향을 이해하는 데는 하이프 사이클만한 것이 없습니다. 보통 팀장이 보고 이해하기도 매우 쉽습니다. 1년마다 계속 갱신되니 동향을 주시하기도 좋습니다. 최고경영자 조찬 강의에서도 꼭 나오는 그림이니 팀장도 한번 챙겨 보는 것을 추천합니다.

지금부터 중요한 용어들을 소개하겠습니다. 대강 이런 것이구나 정도로 기억하면 좋습니다.

- Artificial General Intelligence(AGI, 범용인공지능)은 인간이 수행할 수 있는 모든 지적 작업을 수행할 수 있는 기계의 (현재 가상) 지능입니다.
- AI engineering(AI 엔지니어링)은 대규모 AI 솔루션의 엔터프라이즈 제공을 위한 기반입니다. 이 학문은 일관된 기업 개발, 제공 및 운영 AI 기반 시스템을 만듭니다.
- Autonomic systems(자율 시스템)은 자율성, 학습 및 대행이라는 세 가지 기본 특성을 나타내는 도메인 경계 작업을 수행하는 자체 관리 물리적 또는 소프트웨어 시스템입니다.
- Cloud AI services(클라우드 AI 서비스)는 AI 모델 구축 도구, 사전 구축된 서비스를 위한 API 및 사전 구축된 인프라에서 실행되는 머신 러닝(ML) 모델의 구축/훈련, 배포 및 소비를 클라우

드 서비스로 가능하게 하는 관련 미들웨어를 제공합니다.

- Composite AI(복합 AI)는 다양한 AI 기술을 결합한 응용(또는 융합)을 말합니다. 보다 효과적인 방식으로 보다 광범위한 비즈니스 문제를 해결합니다.

- Computer vision(컴퓨터 비전)은 실제 이미지와 비디오를 캡처, 처리 및 분석하여 물리적 세계에서 의미 있는 맥락 정보를 추출하는 일련의 기술입니다.

- Data-centric AI(데이터 중심 AI)는 더 나은 AI 결과를 유도하기 위해 훈련 데이터를 향상시키고 풍부하게 하는 데 중점을 둔 접근 방식입니다. 데이터 중심 AI는 또한 데이터 품질, 개인 정보 보호 및 확장성을 다룹니다.

- Edge AI(엣지 AI)는 비 IT 제품, IoT 엔드포인트, 게이트웨이 및 엣지 서버에 내장된 AI 기술을 사용하는 것을 말합니다. 이 제품은 자율 주행 차량과 같은 소비자, 상업 및 산업 애플리케이션의 사용 사례, 의료 진단 및 스트리밍 비디오 분석의 향상된 기능에 걸쳐 있습니다.

- Intelligent applications(지능형 애플리케이션)은 학습된 적응을 활용하여 사람과 기계에 자율적으로 반응합니다.

- Model operationalization(ModelOps, 모델 운영화)는 주로 고급 분석, AI 및 의사 결정 모델의 엔드 투 엔드 거버넌스 및 수명 주기 관리에 중점을 둡니다.

- Operational AI systems(OAISys, 운영 AI 시스템)은 ML, DNN 및

Generative AI로 구성된 프로덕션 준비 및 엔터프라이즈급 AI의 조정, 자동화 및 확장을 가능하게 합니다.

- Prompt engineering(프롬프트 엔지니어링)은 모델이 생성할 수 있는 응답 세트를 지정하고 제한하기 위해 생성 AI 모델에 텍스트 또는 이미지 형태의 입력을 제공하는 분야입니다.

- Smart robots(스마트 로봇)은 하나 이상의 물리적 작업을 자율적으로 실행하도록 설계된 AI 기반의 종종 모바일 기계입니다.

- Synthetic data(합성 데이터)는 실제 세계를 직접 관찰하여 얻은 것이 아니라 인위적으로 생성된 데이터의 한 종류입니다.

- AI simulation(AI 시뮬레이션)은 AI와 시뮬레이션 기술을 결합하여 AI 에이전트와 AI 에이전트를 훈련, 테스트 및 때로는 배포할 수 있는 시뮬레이션 환경을 공동 개발하는 것입니다.

- AI trust, risk and security management(AI TRiSM, AI 신뢰, 위험 및 보안 관리)는 AI 모델 거버넌스, 신뢰성, 공정성, 신뢰성, 신뢰성, 견고성, 효능 및 데이터 보호를 보장합니다.

- Causal AI(인과관계 AI)는 인과관계를 파악하고 활용하여 상관관계 기반 예측 모델을 넘어 행동을 보다 효과적으로 처방하고 보다 자율적으로 행동할 수 있는 AI 시스템으로 나아갑니다.

- Data Labeling and Annotation(DL&A, 데이터 라벨링)은 더 나은 분석 및 AI 프로젝트를 위해 데이터 자산을 추가로 분류, 세분화, 주석 및 증강하는 프로세스입니다.

- First-principles AI(FPAI, 제1원칙 AI)는 물리적 및 아날로그 원칙,

준거법 및 도메인 지식을 AI 모델에 통합합니다. FPAI는 AI 엔지니어링을 복잡한 시스템 엔지니어링 및 모델 기반 시스템으로 확장합니다.

- Foundation models(파운데이션 모델)은 광범위한 데이터 세트에서 자체 감독 방식으로 훈련된 대규모 매개변수 모델입니다.

- Knowledge graphs(지식 그래프)는 물리적 및 디지털 세계를 기계로 읽을 수 있는 표현입니다. 여기에는 그래프 데이터 모델을 준수하는 엔티티(사람, 회사, 디지털 자산)와 그 관계가 포함됩니다.

- Multiagent systems(MAS, 다중 에이전트 시스템)은 여러 개의 독립적인(그러나 대화형) 에이전트로 구성된 AI 시스템의 한 유형으로, 각각은 환경을 인식하고 행동을 취할 수 있습니다. 에이전트는 AI 모델, 소프트웨어 프로그램, 로봇 및 기타 계산 주체가 될 수 있습니다.

- Neurosymbolic AI(신경 기호 AI)는 기계 학습 방법과 기호 시스템을 결합하여 보다 강력하고 신뢰할 수 있는 AI 모델을 만드는 복합 AI의 한 형태입니다. 더 넓은 범위의 비즈니스 문제를 보다 효과적으로 해결하기 위한 추론 인프라를 제공합니다.

- Responsible AI(책임 있는 AI)는 AI를 채택할 때 적절한 비즈니스 및 윤리적 선택을 하는 측면을 포괄하는 용어입니다. 긍정적이고 책임감 있으며 윤리적인 AI 개발 및 운영을 보장하는 조직의 책임과 관행을 포괄합니다.

AI 예산과
디지털 이니셔티브

AI 시대에 팀장이 직면하는 예상 외의 가장 어려운 점 하나가 AI 사용료입니다. 팀원이 8명인 팀의 팀장이 AI 사용료로 한 달에 25만 원을 쓰겠다는 결재를 못 받아서 AI를 못 쓰는 팀이 수두룩합니다. 이 얘기를 해보겠습니다.

어느 기업이나 기관을 가든 컴퓨터 없이 일하는 곳은 없습니다. 수십 년 전부터 모든 기업과 기관이 컴퓨터를 업무에 활용하기 시작했고 수많은 IT 시스템을 도입했습니다. 이제 사무직 직원 한 명이 하루에 사용하는 애플리케이션 수가 평균 10개나 됩니다. 여러분도 평소 사용하는 애플리케이션이 몇 개나 되는지 세 보십시오. 아마 다음과 같이 목록을 만들 수 있을 겁니다.

엑셀, 파워포인트, 아웃룩, 크롬 브라우저, 메모장, 화상회의

(ZOOM 등), 전자결재, 메신저, SNS 도구(페이스북, 인스타 등), 이미지 편집 도구(그림판, 포토샵 등), 캡처 프로그램…

보통 사무직 직장인이 하루에 접속하는 웹 서비스도 평균 10개 정도 됩니다. 브라우저 즐겨찾기에 포함된 사이트 목록은 물론 그보다 훨씬 많습니다.

앱이든 웹이든 무료가 있고 유료가 있습니다. 유료 앱의 대표는 윈도우와 오피스입니다. 윈도우는 노트북을 살 때 포함되어 있다지만 MS 오피스 툴은 월 단위 또는 연 단위로 사용료를 냅니다. 직원 개인이나 팀이 결제하지는 않고 보통 전사 단위로 벤더사와 거래합니다. 요즘은 일시불로 구매하지 않고 연간 구독을 많이 합니다.

가장 기본적인 MS 365 비즈니스 베이식 라이선스는 사용자당 월 8천 원 정도 합니다. 데스크톱 버전의 오피스 툴을 포함하는 비즈니스 스탠다드의 사용료는 베이식의 두 배입니다. 만약 베이식 라이선스 사용자가 코파일럿을 쓰고자 하면 사용자당 월 8천 원을 더 내서 스탠다드 라이선스를 구매해야 합니다. 이것도 기본 코파일럿이며, MS 오피스용 코파일럿은 사용자당 월 3만 원이 넘습니다. ChatGPT도 마찬가지입니다. 유료 계정은 월 20$이고, 팀 단위로 워크스페이스를 만들어서 쓸 수 있는 계정은 사용자당 월 25$입니다. 3만 원이 넘습니다.

전사에서 오피스 툴 사용료를 내지만 코파일럿이나 ChatGPT 같은 AI 툴의 사용료까지 내줄지는 미지수입니다. 전사 차원에서 AI로 업무 프로세스를 혁신하고자 한다 할지라도 보안 문제나 오용 문제를 걱정할 수밖에 없습니다. 그래서 대기업은 자체 생성형 AI 를 개발해서 자체 시스템에 적용하려고 하는데, 이건 시기적으로도 늦어질 뿐 아니라 팀이 원하는 기능을 충분히 제공하지 못합니다.

그렇다면 팀 단위에서 AI를 사용하려고 할 때 AI 툴 구독료 등의 비용은 오롯이 팀이 지불해야 합니다. 팀원이 8명이라고 하고 AI 툴 하나를 월 3만원에 구독한다고 해보겠습니다. 그러면 월 24만 원, 연 300만 원 가까이 됩니다. 매출을 일으키는 영업이나 수행 팀 이라도 1년에 300만 원은 적은 돈이 아닙니다. 이익이 간당간당 할 때는 돈 백만 원도 아쉽습니다. 비용 부서라면 연 300만 원은 큰 돈 입니다. 적절한 해명이 없으면 결재를 얻기도 어렵습니다.

문제는 하나 더 있습니다. 팀이 돈을 사용할 때는 회계 계정을 반 드시 따라야 합니다. 일반적으로 급여, 복리후생비, 여비교통비, 접 대비, 통신비, 수도광열비, 세금과공과, 운반비, 교육훈련비, 도서인 쇄비, 소모품비 등이 있습니다. 이 중에서 팀장이 직접 금액을 설정 하는 것은 사실상 거의 없습니다. 대부분 전년도 예산과 비교하고, 인원이 몇 명인지에 따라 전사에서 예산을 정합니다. 팀장이 교육 훈련에 의지가 있다고 해서 갑자기 교육훈련비를 300만 원 올리기 는 쉽지 않습니다.

IT 서비스를 이용하고 내는 돈의 회계 계정은 일반적으로 지급수 수료입니다. 지급수수료 계정은 은행 송금수수료, 세무기장료, 증명 서 발급 수수료 같은 데 쓰는 계정입니다. IT 서비스 이용료는 통신비가 아니라서 통신비 계정을 못 쓰고 지급수수료를 빌려(?) 쓰곤 합니다. 그런데 지급수수료도 전사에서 정합니다. 특별한 경우가 아니면 지급수수료 예산 자체가 없는 팀도 많습니다. 은행 송금 수수료나 세무기장료 같은 예산이 필요한 팀이 몇 개나 되겠습니까?

지금까지 예산 반영이 전혀 없었던 계정에서 갑자기 팀장이 예산을 올린다? 당연히 회계팀 관심 사항입니다. 어디에 쓰는지 왜 쓰는지 꼭 필요한지 다른 방식은 없는지… 회계팀뿐 아니라 상사한테도 설명해야 합니다.

10억, 100억, 1,000억 결재 받는 게 10만, 100만, 1,000만 결재 받는 것보다 쉽다는 말이 있습니다. 큰 돈을 결재받을 때는 이미 전사에서 쓰려고 공감을 하거나 핵심 임원이 강력히 미는 때입니다. 위에서는 얘기가 다 되었으니 형식적으로 결재를 받는 경우도 많습니다. 하지만 어떤 팀에게만 필요한, 얼마 안 되는 적은 돈을 그 팀의 팀장이 상위 부서장과 협조 부서장들에게 결재를 받으려면 여간 어려운 게 아닙니다.

AI를 유료로 사용하는 데에 또 문제가 있습니다. AI는 결국 프로그램이고 서비스입니다. 눈에 보이는 물건이 아닙니다. 즉 유형자산이 아니라 무형자산에 가깝습니다. 사실 서비스를 이용하는 것이므로 자산에 포함되지도 않습니다. 눈에 보이지도 않고 자산도 아닌 것에 돈을 들이는 건 상사 입장에서 보면 썩 좋은 투자가 아닙니다.

흔히 상사는 눈에 보이는 것에 투자하길 좋아합니다. 멋진 사무실, 큰 접대용 차량, 고급 의자 같은 겁니다. 눈에 보이지도 않고 자산으로도 남지 않는 프로그램에 돈을 들여야 할 때는 최대한 무료 프로그램을 찾으려고 합니다. 특히 지금 임원급은 소프트웨어 저작권이 확립되기 전에 음지에서 소프트웨어를 훔쳐 썼던 시대를 보낸 사람들입니다. P2P 서비스나 메신저를 통해 유료 Key를 구해 한글, 윈도우, 오피스 등을 썼습니다. 용산 전자상가 등지에서는 하드웨어만 구입하면 소프트웨어를 알아서 깔아 주기도 했습니다.

물론 지금도 그렇다는 건 아닙니다. 하지만 유료 프로그램, 유료 소프트웨어, 자산이 아닌 무형의 것에 돈을 투자하는 게 지금 임원 세대에서는 반길 일은 아니라는 겁니다. 다행히 임원이 AI를 전략적으로 중요시하고 AI 툴을 적극 활용하려고 한다면 오히려 팀장이 예산 만드는 수고를 줄일 수도 있습니다.

하지만 역시 또 보안이라는 큰 장벽을 넘어야 합니다. 이건 임원도 어쩌지 못하는 겁니다. 사례를 보겠습니다. 우리나라에서 단일 규모로는 매출이든 인원이든 가장 큰 조직이 삼성전자입니다. 삼성전자는 직원들에게 사내에서 ChatGPT를 쓰라고 허용했습니다. 하지만 이내 내부 정보가 유출되는 보안 사고가 났고 결국은 사내 사용을 전면 금지했습니다.

보안 문제는 개인이나 팀 단위에서 할 수 없습니다. 결국 삼성은 네이버와 함께 ChatGPT와 비슷한 초거대언어모델을 개발해서 내부 시스템에 적용했습니다. 지금은 내부 시스템에서 조금씩 생성형

AI를 사용하고 있습니다. 결국 AI는 내부망에서 내부 시스템에 연결되어야 한다는 점에서 팀 예산만으로 AI를 제대로 활용하기는 거의 불가능합니다.

필자는 ChatGPT 강의 의뢰가 오면 학습자에게 ChatGPT 유료 계정을 사용하게 해달라고 합니다. 하지만 그때마다 "교육 예산이 없다, 보안 때문에 안 된다, 그게 꼭 필요한지는 모르겠다" 등의 대답이 돌아옵니다. 정작 필자가 강의 중에 ChatGPT 유료 기능을 시연하면 다들 놀라면서 꼭 써 보겠다고 합니다. 그렇게 해서 돌아간 학습자 중에서 회사 돈으로 유료 결제한 사람은 열 중 하나에 불과합니다.

그렇다면 팀장에게 전혀 방법이 없는 걸까요? 한 달에 몇 만 원만 사용해서 팀 내에서 AI를 사용하는 법은 없을까요? 물론 없지는 않습니다. 예를 들어 ChatGPT 유료 계정은 하나당 월 20$입니다. 계정 하나를 만들어서 팀원이 필요할 때 사용하면 됩니다. 물론 ChatGPT를 만든 회사도 이걸 잘 알아서 3시간 동안 질의를 40개까지만 할 수 있게 해놓았습니다.

이런 상황에서도 많은 팀장은 묘수를 생각해냅니다. ChatGPT를 한 사람이 3시간만 사용해야 한다면, ChatGPT를 회의실로 생각하고 팀원이 예약해서 쓰면 된다는 겁니다. 긴급하게 ChatGPT를 써야한다면 다른 사람에게 양해를 구하면 됩니다. 팀원이 6명일 경우 이틀에 한 번은 3시간씩 쓸 수 있습니다.

어찌 보면 참 구차한 일입니다. AI는 하루가 다르게 발전하고 시대는 이렇게 급변하는데 그런 데에 투자할 돈은 여전히 없거나 모자라거나 얻기 어렵습니다. 그래서 CEO의 역할이 참 중요합니다. 과감히 투자를 해야 합니다. 보안 문제야 형사 문제까지 될 수 있으니 어쩔 수 없다고 하지만 내부 투자는 CEO가 어느 정도 결정할 수 있습니다. 팀장은 CEO와 회의나 면담에서 AI에 대한 팀의 투자를 어필해야 합니다.

최근에 CEO의 IT나 AI 등 디지털 성과에 대한 관리 지표를 보면 어느 정도 변화가 보이고 있습니다. 예를 들어 맥킨지가 만든 CEO를 위한 디지털 성공 지표 다섯 가지Five metrics for the digital CEO가 있습니다. 팀장이 이 지표를 참고해서 CEO에게 얘기해 보는 것도 좋습니다. 나아가 팀장 스스로 팀의 디지털 지표를 만들고 관리해 보는 것도 추천합니다. 지표는 다음과 같습니다.[*]

CEOs should monitor five broad markers of digital progress.

1 Return on digital investments

2 Percentage of annual technology budget spent on bold digital initiatives

3 Time to market of digital apps

4 Percentage of leaders' incentives linked to digital

5 Top technical talent attracted, promoted, and retained

McKinsey & Company

● CEO를 위한 디지털 성공 지표 5가지

---

[*] https://www.mckinsey.com/capabilities/mckinsey-digital/our-insights/how-do-you-measure-success-in-digital-five-metrics-for-ceos?

하나씩 살펴보겠습니다.

첫째, 디지털 투자 수익Return on digital investments입니다. 투자 측면에서 보면 경쟁 대비 투자를 지표로 관리하라고 합니다. 디지털은 다른 분야에 비해 투자 수익이 분명합니다. 모든 기업이 컴퓨터를 쓰고 중견 기업이 되면 ERP를 도입하고 중소 기업이라도 전문 솔루션을 씁니다. 투자 대비 얻는 것이 명확하기 때문입니다. 따라서 일부 글로벌 디지털 기업이 아닌 이상 보통 기업은 경쟁사의 디지털 투자 수준과 비슷하게 투자하는 것이 좋습니다. 대신 같은 투자를 하더라도 좀더 자기 비즈니스의 강점을 더 강화하고 약점을 보완하는데 투자해야 합니다.

일반적으로 디지털 투자 수익은 전사 차원에서 다룹니다. 팀 단위에서는 디지털 투자 수익보다는 디지털 투자 성과를 다룹니다. 디지털 투자 수익을 노리는 팀은 디지털 비즈니스를 전문으로 하는 팀일 겁니다. 그 외 팀은 수익을 창출하기가 어렵고 본업도 아니므로 성과 측면에서 디지털 투자를 봐야 합니다. 이때는 다른 팀이 어떤 디지털 도구를 도입하는지, 어떻게 업무 프로세스를 디지털 방식으로 개선하는지 보는 것이 좋습니다. 또한 팀장이 속해 있거나 자주 만나는 직무 협회 같은 단체가 있을 겁니다. 인사팀장이면 인사협회, 재무팀장이면 재무협회, 영업팀장이면 영업협회 같은 곳이 다 있습니다. 이런 협회에서 다른 조직의 팀은 어떤 디지털 도구를 사용하고 어떤 성과를 내고 있는지 확인하면 됩니다.

둘째, 대담한 디지털 추진에 드는 기술 예산 비율Percentage of annual technology budget spent on bold digital initiatives입니다. 조직이 기술 예산을 사용할 때 대담한 디지털 이니셔티브에 투자해야 최대 수익을 얻을 수 있습니다. 일반적으로 조직은 디지털 분야에서 컴퓨터, 네트워크, 보안, ERP, 업무 시스템 등에 투자해 왔습니다. 하지만 새로운 디지털 도구나 기술 적용에 드는 예산의 비율은 그리 높아지지 않았습니다. 지금처럼 AI가 급성장하는 시대에는 AI에 대한 투자가 전체 디지털 예산에서 차지하는 비율이 어느 정도인지 확인하고 그 비율을 높여야 최대 수익을 올릴 수 있습니다.

팀 단위에서 보면 일상적으로 쓰는 디지털 비용이 있습니다. 이 비용도 적지 않기 때문에 새로운 AI 예산을 만들기가 쉽지 않습니다. 이미 월 100만 원의 디지털 비용을 들이고 있는데 AI 도구를 쓰느라 월 30만 원을 더 써야 한다면 상사도 납득하기 어렵습니다. 대신 전체 디지털 예산 중에 이니셔티브를 가지는 예산의 비율이 얼마인지 보고합니다. 운영 예산과 혁신 예산 정도로 나눠서 생각하면 됩니다. 기존 디지털 예산은 현 상황을 유지하는 운영 예산이고, AI 예산은 업무 프로세스를 바꾸는 혁신 예산으로 포장하는 겁니다. 그러나 혁신 예산의 비율을 높이겠다고 한다면 기존 예산에서 비율만 높아질 수 있습니다. 그렇다면 기존에 들어가던 디지털 비용에서 줄일 수 있는 걸 일부 찾고, 새 예산을 추가하는 것이 적절합니다. 팀원 설문이나 실사를 해서 안 쓰는 디지털 예산 등이 정리하거나, 외부 서비스를 자산화하거나, 다른 부서와 협력해서 예산을 아끼는 등의 방법이 있습니다.

셋째, 디지털 애플리케이션 구축 시간 Time required to build a digital application 입니다. 조직에서 쓰거나 상품으로 팔기 위해 디지털 애플리케이션을 개발하거나 구축해야 합니다. 디지털 산업은 생각보다 훨씬 빠르게 발전하므로 조직 내외부에 애플리케이션을 내놓는 시간은 경쟁에 비해 짧아야 합니다. 최근에는 모두가 AI를 조직 내부에 구축하려고 합니다. 누가 빨리 구축하느냐가 경쟁력에 영향을 주고 있습니다.

팀 단위에서 디지털 애플리케이션을 구축하기는 어렵습니다. 하지만 이미 구축되어 있거나 서비스되어 있는 것을 사용하는 것은 회원가입과 결제만으로 금방 할 수 있습니다. 최신 서비스를 경쟁사보다 더 빨리 사용하는 것이 경쟁력이 될 수 있습니다. 예를 들어 코로나 사태가 벌어졌을 때 선진 기업은 ZOOM 같은 화상회의로 빠르게 돌아섰습니다. 덕분에 업무 소통에 큰 지장을 받지는 않았습니다. 하지만 화상회의에 대해 잘 모르거나 거부감이 있는 팀은 코로나 초반에 상당한 소통의 불편을 겪어야 했습니다.

넷째, 비즈니스 리더의 가치를 만드는 디지털 구축과 연결된 인센티브 비율 Percentage of business leaders' incentives linked to value-creating digital builds 입니다. 조직에서 최고경영자를 CEO라고 합니다. 최고기술자는 CTO, 재무책임자는 CFO라고 합니다. CEO는 디지털 구축과 관련해서 CTO를 임명합니다. 요즘은 최고디지털책임자라는 뜻에서

CDO를 임명하는 조직도 있습니다. CTO든, CDO든 기존의 IT 담당 역할만 수행하는 경우가 많습니다. 이런 CTO, CDO의 역할에 근본적인 재고가 필요합니다. 차세대 CTO는 모든 제품의 디자인부터 배송까지 감독하고 모든 기술 개발을 조율하고 비즈니스 자체를 이끌어 나갑니다. CEO는 CTO를 단순히 IT 매니저가 아니라 디지털 시대의 비즈니스 리더로 만들어야 합니다.

팀 단위에서 보면 팀 내에 디지털을 담당하는 팀원이 있어야 합니다. 공식적으로는 팀 내에는 회사가 내리는 직무 외에 팀원이 할 일은 없습니다. 하지만 비공식적으로 팀 내에는 팀장을 도와 기획을 하는 팀원도 있고, 팀 예산이나 경비를 처리하는 팀원도 있습니다. 팀 워크숍 같은 행사를 주도하는 팀원도 있고 팀장의 비서 역할을 하는 팀원도 있습니다. 팀장은 여기에 팀의 디지털을 담당하는 팀원을 추가해야 합니다. 그리고 가능하면 공식화해야 합니다. 최근에는 시민 개발자Citizen Developer 또는 디지털 에이전트Digital Agent 등의 모델로 팀 내 디지털 전문가를 만드는 추세입니다. 팀장이 디지털 지식이 부족하고 빠른 학습도 어렵기 때문에 팀 내에서 디지털에 대한 조언을 얻고 업무를 위임할 사람이 필요합니다. 시민 개발자나 디지털 에이전트 같은 모델을 참고해서 팀에 적용할 수 있습니다. 과거에 팀내 변화담당자Change Agent 같은 것이 많았습니다. 요즘에는 조직문화 변화관리자로도 많이 활동합니다. 이런 변화관리자를 디지털 에이전트로 삼는 것도 방법이 될 수 있습니다.

마지막 다섯째, 최고 기술 인재 유치, 승진, 유지Top technical talent attracted, promoted, and retained입니다. 조직은 전사 차원에서 적절한 기술 인재를 유치하고 유지해야 합니다. 조직이 디지털 여정에서 어느 단계에 있는지 확인하고 각 단계에 적합한 기술 인재를 전략적으로 잘 배치해야 합니다.

보통 팀에서는 최고 기술 인재를 유치하는 일이 쉽지 않습니다. 거의 불가능하다고 봐야 합니다. 팀 자체가 디지털 비즈니스를 주도하는 팀이 아닌 이상 별도의 기술 인재를 데려와도 감당할 수 없습니다. 보통 팀이라면 최고 기술 인재보다는 최고 기술 파트너를 두는 것이 좋습니다. IT든, AI든, 디자인이든, 마케팅이든, 생산이든 조금만 시장을 둘러보면 수많은 기술 기업, 솔루션 기업, 컨설팅 기업이 널렸습니다. AI도 마찬가지여서 네이버 같은 대기업부터 위워크 방 한 칸에서 일하는 스타트업까지 다양한 기술을 가진 기업이 여러분의 팀을 도우려고 줄을 섰습니다. 이들 중 적절한 업체 몇 곳과 수시로 대화하면서 팀의 디지털화에 도움을 얻을 수 있습니다. 팀 단위에서 예산이 없더라도 상위 부서나 전사에 소개하는 것만으로도 이들 솔루션 기업은 감사해합니다.

맥킨지가 만든 CEO를 위한 디지털 성공 지표 다섯 가지를 알아보면서 팀 단위에서 할 방법도 설명했습니다. 팀에서 굳이 이렇게까지 해야 하는 생각이 들기도 합니다. 하지만 디지털, IT, AI는 점점 비즈니스의 핵심 경쟁력이 되고 있습니다. 어떤 산업이든 AI 없이 성장할 수 없습니다. 팀도 마찬가지입니다. AI는 큰 강물이기 때문에 강물이 가는 데로 지류는 따라가야 합니다.

데이터 기반
의사결정 문화

아주 옛날부터 사람들은 자신의 판단으로 비즈니스 의사결정을 했습니다. 이때 사용한 것은 감이나 경험, 연륜이나 노하우 같은 것이었습니다.

이런 의사결정은 우리에게 신화, 전설, 민담, 속담 등으로 내려왔습니다. 가난한 나무꾼의 효성과 정직함에 탄복하여 금도끼와 은도끼를 상으로 내리는 산신령, 내 죽음을 알리지 말라는 이순신 장군의 유언, 제비를 구해 부자가 된 흥부, 돌다리도 두드려 보고 건너라는 속담 등...

이런 신화, 전설, 민담, 속담 같은 것은 조직에도 깊이 들어와 있고, 조직 안에서 새로운 신화, 전설, 민담, 속담이 만들어지기도 합니다. 따지고 보면 이런 것은 모두 고정관념입니다. 고정관념은 개인차나 견해차를 고려하지 않고 사람과 의견을 범주로 묶어서 효율을 꾀합니다. 고정관념은 최소의 에너지로 최대 또는 최선의 생각을 만들기 때문입니다.

어떤 사람을 처음 만났다고 생각해보겠습니다. 성별, 나이, 외모, 직업, 고향, 가족관계에 대한 우리의 고정관념은 그 사람이 어떤 사람인지 신속하게 판단을 내리는 데 매우 유용합니다. 어떤 사건에 직면해서 빠른 판단을 내리거나 즉각적인 대응을 해야 할 때도 마찬가지입니다.

고정관념은 사람을 만날 때마다 매번 새로운 판단을 해야 하고, 특정 사건을 대할 때마다 처음부터 고찰을 시작해서 새로운 관점을 탄생시켜야 하는 어려움과 비효율성으로부터 우리를 해방시켜 줍니다. 사안의 맥락과 기존 정보를 활용해서 새 정보를 명료화하고 그 의미를 찾아내는 능력은 인간만이 가진 고차원의 추론 능력입니다.

고정관념은 사람들에게 심리적 안정감을 준다는 점에서도 장점이 큽니다. 수많은 정보와 변화 속에 노출되어 판단을 강요당하는 상황에서 일정하고 고정된 틀에 의존할 수 있다면 평화롭고 안정된 삶을 사는 데 훨씬 도움이 됩니다.

옛날에 배고픈 호랑이가 먹을 것을 찾아 돌아다니는데 아직 해가 서산에 넘어가기 전이라 마을에 내려갈 수도 없었습니다. 산등

성이를 어슬렁거리며 돌아다니는데 무슨 고기 냄새가 나는 조그만 것이 앞에서 기어가서 잽싸게 달려들어 덥석 깨물었습니다. 그런데 깨물고 보니 이것이 고슴도치라 먹을 수가 없었고 입안은 온통 피투성이가 되고 아파 죽겠기에 도로 뱉어 버렸습니다.

호랑이는 밤나무 밑으로 가서 쭈그리고 앉아 입에서 나오는 피를 핥아먹었습니다. 그때 밤송이가 툭 떨어져 콧잔등을 때리고는 저만치 가서 섰습니다. 가만히 보니까 아까 먹던 거하고 똑같이 생겼습니다. 호랑이는 깜짝 놀라서 절을 꾸벅꾸벅하며 "아이고, 아까는 잘못했습니다. 다시는 먹지 않겠습니다."라고 말했다고 합니다.

이런 이야기를 들으면 무서운 호랑이가 하도 어리석고 멍청해서 껄껄거리며 웃습니다. 하지만 호랑이 입장에서 보면 고슴도치든 밤송이든 몸에 가시가 난 것들은 먹지 않겠다는 고정관념을 스스로 만듦으로써 생존율을 높이고 심리적 안정감을 얻습니다. 현존하는 생물이 멸종하지 않고 살아남은 이유입니다.

하지만 고정관념만으로 현대 시대를 살기는 쉽지 않습니다. 요즘 고정관념을 가진 상사를 꼰대라고 합니다. 원래 나이 많은 사람을 가리키는 은어였지만 요즘엔 구태의연한 사고 방식을 타인에게 강요하거나 시대 변화를 못 따라가면서 기득권만 지키는 사람들을 폄하하는 말로 사용됩니다. 꼰대일수록 합리적이고 이성적인 생각보다는 직관으로 의사 결정하는 경우가 많습니다. 깊이 생각하지 않고 고정관념이 그냥 튀어나오는 겁니다. 그래놓고도 꼰대는 자기가 이성적이고 합리적이라고 우긴다는 겁니다.

10여 년 전에 실제로 일어난 일을 하나 말씀드리겠습니다. 모 패션 기업의 온라인 쇼핑몰은 남녀노소가 입을 수 있는 다양한 의류를 판매하고 있었습니다. 쇼핑몰 기획팀은 상품 페이지를 기획하면서 유사한 카테고리의 상품을 추천하고 있었습니다. 예를 들어 30대 남성 디자인 셔츠 페이지에는 셔츠에 어울리는 바지나 벨트, 신발을 추천했습니다.

어느 날 CEO가 빅데이터 기술을 도입해서 쇼핑몰의 매출을 높이고자 빅데이터 컨설팅을 받았습니다. 컨설턴트 서너 명이 와서 쇼핑몰 로그를 모두 긁어 가서 분석하기 시작했습니다. 몇 주 후 컨설팅 중간 발표가 있었습니다. 임원을 비롯해서 쇼핑몰 기획팀, 운영팀 모두 참가했습니다. 그 자리에서 한 컨설턴트가 쇼핑몰에서 30대 남성 셔츠 상세 페이지를 보여주면서 물었습니다.

"지금 보시는 화면은 30대 남성용 겨울 디자인 셔츠 상세화면입니다. 제가 하나 여쭤보려고 합니다. 이 페이지를 본 고객이 많이 본 상품으로는 어떤 것이 있을까요?"

회의실 안은 조용해졌습니다. 다들 답은 뻔한 것 같지만 누가 먼저 대답하나 숨죽여 기다렸습니다. 평소 나서길 좋아하는 대리 한 명이 먼저 입을 열었습니다.

"남자 벨트요?"

"아닙니다."

대리는 의아한 표정을 지으며 주변을 둘러봤습니다. 기획팀장이 대답했습니다.

"30대 남자 데님 바지!"

"아닙니다."

다들 고개를 꺄우뚱했습니다.

"남자 선글러스!"

"아닙니다."

"셔츠에 어울리는 외투!"

"아닙니다."

몇 분이 흘러도 답을 맞히는 사람이 없었습니다. 컨설턴트가 말했습니다.

"정답은, 20~30대 여성 퍼 아우터입니다."

다들 입을 크게 벌리며 놀란 표정이었습니다.

"저희가 모든 데이터를 분석했습니다. 몇 가지 패턴을 찾았는데 그 중 하나입니다. 지금 여러분 쇼핑몰에는 남자가 들어와서 남자 옷을 사지 않습니다. 20~40대 여성 고객이 들어와서 남자 친구나 남편 셔츠를 본 겁니다. 그러면서 이 정도 고급 셔츠를 선물로 사주려면 본인 것도 하나 사야 한다는 겁니다. 그래서 자기 나이보다 조금 젊어 보이는 여성 퍼 아우터를 본 겁니다."

패션은 디자이너의 감과 경험, 연륜과 노하우가 중요한 분야로 알려져 있습니다. 디자이너의 감각이 그 무엇보다 중요하다고 합니다. 하지만 감각 이전에 데이터가 있습니다. 제품 하나를 만드는 데에 디자이너의 감각이 중요할 수는 있지만 그 제품의 다양한 라인업을 완성하고 사이즈별 생산 개수를 정하고 다른 상품과 함께 팔고 국가별로 다른 문화와 취향에 맞게 보정하고 적절한 가격을 정하는 일에는 반드시 데이터가 필요합니다.

데이터는 점점 늘어납니다. 그러다가 사람이 감당할 수 없는 정도로 데이터가 커집니다. 그걸 빅데이터라고 합니다. 빅데이터를 AI로 분석해서 직접 의사결정을 할 수도 있지 않을까요?

AI를 강의할 때 가끔 학습자에게 이런 질문을 합니다.

"영화 아이언맨 보셨죠? 아이언맨 주인공이 누구죠?"

그러면 이렇게들 대답합니다.

"아이언맨요."

"토니 스타크요."

"로버트 주니어요."

필자는 아니라고 말합니다. 다들 '뭐지?' 하는 표정입니다.

어떤 분은 이렇게 말합니다.

"로버트 주니어가 아니라, 로버트 다우 주니어요. 로다주!"

필자는 또 아니라고 합니다. 그리고 정답⒳을 알려줍니다.

"아이언맨의 진짜 주인공은 자비스(J.A.R.V.I.S)입니다."

다들 약간 놀라는 표정이지만 이내 수긍합니다.

자비스는 토니 스타크의 인공지능 비서입니다. 이름이 Jarvis인데 원작에서는 스타크 집안의 집사인 에드윈 자비스의 이름을 딴 것입니다. 영화에서는 Just A Rather Very Intelligent System의 약자로 일컬어집니다. 그냥 좀 많이 똑똑한 시스템이란 말이지만 실제로는 엄청난 인공지능입니다. 토니 스타크와 대화도 하고 농담도 하고 집도 관리하고 전투복도 조종합니다.

자비스는 토니 스타크의 최종 동의를 구하지만 사실 스스로 의사결정을 내릴 수 있습니다. 아이언맨 영화에서 절벽에 위치한 토니 스타크의 말리부 저택이 폭격을 받아 무너질 때 토니 스타크의 의사결정이나 명령 없이 자비스가 아이언맨 슈트를 분리해서 토니를 구출합니다.

AI가 스스로 결정할 수 있다는 것은 어떤 측면에서는 팀장을 비롯한 중간관리자의 역할을 고민하게 합니다. 원래 관리자는 결정이란 권한과 책임이란 의무를 가진 직책입니다. 만약 AI가 결정을 한다면 관리자는 권한은 없고 의무만 가지게 됩니다. 과연 AI 시대에 팀장은 의무만 지게 될까요?

팀장에게 다행인지는 모르겠지만 빅데이터와 AI에겐 한계가 있습니다. 아무리 데이터가 많아져도 AI가 가지지 못한 데이터는 늘 있습니다. 회사의 상사가 그때 왜 그런 결정을 했는지, 그때 무슨 데이터를 보고 결정했는지, 누구 말 듣고 했는지, 그런 데이터는 AI에게 없고, AI에게 줄 수도 없습니다.

고객이 왜 그렇게 인지했는지, 왜 그런 판단을 했는지, 그 전에는 무엇을 했는지 데이터로 알기도 어렵습니다. 막상 데이터가 많다고 하지만 현실 세계의 데이터 중 과연 몇 %나 차지할까요? 얼마 안 되는 데이터로 현실의 의사결정을 하겠다면 오히려 AI가 적은 데이터를 가지고 고정관념을 만드는 건 아닐까요?

　AI든, 빅데이터든 다루려고 하면 막대한 전력과 고성능 반도체 등이 필요합니다. AI 때문에 전세계가 반도체와 전력 대란을 겪을 수 있습니다. 실제로 비트코인 발굴에 엄청난 전력과 GPU가 사용되면서 사회 문제가 되고 있습니다. 적은 데이터로 적은 전력으로 적은 성능으로도 텍스트와 이미지와 영상을 생성하려면 결국 AI도 고정관념을 만들어야 할지도 모를 일입니다.

　그렇다면 오히려 사람이 AI의 고정관념을 깨야 하지 않을까요? 컴퓨터가 빅데이터와 AI를 활용해서 우리에게 안을 제시한다면 어떨까요? '안*'은 문제를 해결하는 더 좋은 방법입니다. 보고(안), 기획*이라고 씁니다. 사람은 보통 고정관념으로 안을 만들어 옵니다. 그래서 상사가 항상 "새로운 안 없어요?", "이전에 했던 거 말고 다른 거 없어요?", "창의적인 안을 좀 만들어 오세요." 같은 말을 합니다. 컴퓨터가 고정관념으로 만든 안을 가져온다면 사람은 오히려 그 고정관념을 깨는 생각을 더해야 하지 않을까요?

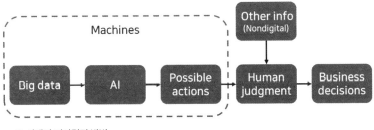

● AI 시대의 의사결정 방법

넷플릭스와 스치티 픽스Stich Fix에서 추천 알고리즘을 개발했던 에릭 콜슨Eric Colson이 2019년에 하버드 비즈니스 리뷰에 쓴 글 "What AI-Driven Decision Making Looks Like"에는 AI 시대에 적절한 의사결정 방법을 제시합니다. 컴퓨터Machines가 빅데이터를 분석하고 AI 알고리즘을 사용해서 가능한 안을 만들면, 사람이 비 디지털Nondigital 정보를 이용해서 판단을 하는 방식입니다. 디지털과 비 디지털의 융합으로 의사결정을 하자는 겁니다.

비 디지털이 반드시 아날로그를 의미하는 건 아닙니다. 디지털이란 것도 고정관념일 수 있으니 고정관념을 벗어나서 생각해 보자는 의미에 더 가깝습니다. 그리고 인류는 이미 고정관념을 벗어나는 방법을 알고 있습니다. 바로 인문학입니다.

● 기술과 인문이 만나고 만나야 하는 시대

사람이 왜 그렇게 생각하는지 생각해 보는 것이 인문학입니다. 인문학은 기술 시대에 더 중요해지고 있습니다. 비즈니스 의사결정에 인문학이 얼마나 중요한지는 이미 많은 글로벌 기업이 증명하고 있습니다. 예를 들어 2011년에 스티브 잡스가 아이패드를 선보일 때 첫 프레젠테이션에서 그가 화면에 기술Technology과 인문Liberal arts의 교차로를 보여줬습니다. 그는 이렇게 말했습니다. "애플의 유전자를 구성하는 데에는 단순히 기술만으로 충분하지 않습니다. 기술이 인문학과 만나면 비로소 우리의 심장이 뜁니다."

팀장쯤 되면 또는 그 정도 나이가 되면 더는 기술을 실시간으로 좇아갈 수 없습니다. 하드웨어는 10년마다 변한다고 합니다. 소프트웨어는 1년마다 변한다고 합니다. AI는 1달마다 변한다고 합니다. 그런 걸 좇아가는 건 팀원이 해야 할 일입니다. 팀장에겐 인문학과 교양이 더더욱 필요한 시기가 아닐까요?